El entusiasmo

Remedios Zafra

El entusiasmo

Precariedad y trabajo
creativo en la era digital

EDITORIAL ANAGRAMA
BARCELONA

Ilustración: © lookatcia (inspirada en la portada de *Mute,* vol. 2, n.º 1)

Primera edición: noviembre 2017
Segunda edición: abril 2018

Diseño de la colección: Julio Vivas y Estudio A
© Remedios Zafra, 2017
© EDITORIAL ANAGRAMA, S. A., 2017
   Pedró de la Creu, 58
   08034 Barcelona

ISBN: 978-84-339-6417-5
Depósito Legal: B. 23183-2017

Printed in Spain

Reinbook Serveis gràfics, sl, Jonqueras s/n Pol. Ind. Molí de la Potassa
08208 Sabadell

El día 27 de septiembre de 2017, el jurado compuesto por Jordi Gracia, Chus Martínez, Joan Riambau, Daniel Rico y la editora Silvia Sesé concedió el 45.º Premio Anagrama de Ensayo a *El entusiasmo,* de Remedios Zafra.

Cuando pienso en la mecánica del poder, pienso en su forma capilar de existencia, en el punto en que el poder encuentra el núcleo mismo de los individuos, alcanza su cuerpo, se inserta en sus gestos, actitudes, sus discursos, su aprendizaje, su vida cotidiana.

MICHEL FOUCAULT

Nos han hecho creer que somos libres, que tenemos capacidad para controlar nuestro destino y que con más o menos esfuerzo seremos capaces de conseguir aquello que nos propongamos. Estas ideas no solo no son ciertas, sino que son una fuente de frustración.

MARCOS CASADO

¿Cómo elegir al triste si está el entusiasta?

LAURA BEY

I. Pobreza y entusiasmo.
Cuando el trabajo no vale dinero

human overlooks

X I'm (not) a robot

1. LOS POBRES CREAN

Puede que solo dos *estados de ánimo constante*[1] hagan que la vida valga la pena ser vivida. Yo diría el *noble goce* de una pasión creadora o *el desamparo de perderla*. Me refiero a esa *pasión* que *punza* y *arrastra* y que nos motiva a anteponer el deseo frente al inmovilismo, el *hacer* frente al *tener*, una práctica creativa frente a, por ejemplo, un trabajo alienante, esa sensación que perturba «profundamente» frente a la que resigna o reconforta.

Y en esta pulsión primera me parece que no debiera ser tan determinante su instrumento –palabra, tecla, cuerpo o pincel–, sino que algo trastoca la posibilidad de esta pasión cuando de la práctica creativa llevada por el entusiasmo pueden derivarse trabajos capaces de proyectarse como futuro, es decir, trabajos de los que se puede vivir y trabajos de los que no. Cuando sentida y buscada esta pasión no puede ser ejercida y late el desamparo de verla aplazada permanentemente. Creo que muchos de los nuevos pobres que hablan

---

1. «Hay solo dos tipos de estado de ánimo constante en los cuales la vida vale ser vivida: el noble goce de una religión o el noble desamparo de haber perdido una», Fernando Pessoa, *Erostratus*, Pre-Textos, Valencia, 1988, p. 81.

de la época de hoy (y cuya genealogía fundiría sus raíces en formas feminizadas de trabajo) habitan ahí, donde la «forma capilar de existencia» del poder y la expectativa –propia y ajena– vulnerabiliza silenciosamente y limita a las personas en sus tiempos y en sus medios.

El contexto de estos sujetos creadores estaría definido por su infiltración en trabajos y prácticas temporales y en vidas permanentemente conectadas. Sujetos envueltos en precariedad y travestidos de un entusiasmo fingido, usado para aumentar su productividad a cambio de pagos simbólicos o de esperanza de vida pospuesta. Un entusiasmo que encontraría sus máximas expresiones de júbilo forzado en trabajos culturales, creativos y cada vez más en el contexto académico. Miro alrededor y observo que esto acontece hoy. Como si la pareja «pobreza y creación» actualizara, en un giro y engarce temporal, aquella época anterior a la invención de la imprenta en la que, sugería Smith,[1] «estudioso y pordiosero» eran palabras casi sinónimas.

Quizá el pobre logre pulsión si dispone de tiempo, pero difícilmente la vigente cesión a un mundo tecnológico cada vez más excedentario y burocratizado permitirá más que mínimos fragmentos de tiempo que, extrañamente, lograrán romper el hielo del alma. Solo hacernos sentir el pico en pequeños golpes para que salga polvo y no grieta, sabiendo como sabemos que toda creación debiera aspirar no solo a tocar o empañar mínimamente conciencia y sensibilidad, sino a fragmentar ese «mar congelado que llevamos dentro».[2]

---

1. «Antes de inventarse la imprenta, estudioso y pordiosero eran vocablos casi sinónimos. Parece que con anterioridad los rectores de las universidades otorgaban a menudo a sus estudiantes un permiso para mendigar», A. Smith (1776), *La riqueza de las naciones*, Alianza, Madrid, 2011, pp. 113-114.
2. Kafka, en carta a Oskar Pollak (1904), citado por George Steiner en *Lenguaje y silencio. Ensayos sobre la literatura, el lenguaje y lo inhumano*, Gedisa, Barcelona, 2003, p. 85.

No sin contradicción, muchas personas preferiríamos el camino de la creación modesta pero libre a la acumulación y riqueza subordinadas a un trabajo sin pasión. Eso pensamos y eso decimos antes de descubrir que la libertad mengua cuando no hay dinero y sí expectativa, cuando el vivir se sostiene difícilmente sobre una superficie demasiado inestable que precisa unos mínimos de energía y sustento. Entonces se sucumbe a «lo que salga», aplazando la vida y esa pasión (que identificamos como lo que nos mueve de la vida) a un futuro donde las condiciones sean mejores. Como una minúscula herida tapada por la ropa, primero invisible, va lentamente creciendo la frustración. Comienza así una vida permanentemente pospuesta, una cesión del tiempo de creación al futuro, una encadenada y constante inversión para lograr recursos mínimos pero suficientes, proporcionando algo de dinero y restando a esa pulsión sentida gran parte del tiempo, cedido ahora al sustento y a la apariencia.

En el carácter precario de los trabajos disponibles radica la situación ventajosa de quien contrata hoy movido por la maximización racionalista de «menor inversión y mayor beneficio». Pero también ahí se acomoda la excusa de temporalidad de quien trabaja soñando con algo mejor. Si este sujeto apostara por iniciar el largo camino hacia un trabajo intelectual en el ámbito académico, creativo o cultural, pronto descubriría que su entusiasmo puede ser usado como argumento para legitimar su explotación, su pago con experiencia o su apagamiento crítico, conformándose con dedicarse gratis a algo que orbita alrededor de la vocación, invirtiendo en un futuro que se aleja con el tiempo, o cobrando de otra manera (inmaterial), pongamos con experiencia, visibilidad, afecto, reconocimiento, seguidores y *likes* que alimenten mínimamente su vanidad o su malherida expectativa vital.

Merodeando esta argumentación, hay dos formas de entusiasmo que se dan cita en este ensayo y que, bebiendo de mi obra anterior,[1] intentarán aquí dar cuerpo a una visión integradora del sujeto creativo cuando deviene sujeto precario en la era digital. Una forma de entusiasmo aludiría a la «exaltación derivada de una pasión intelectual y creadora», y la forma más contemporánea surgiría como «apariencia alterada que alimenta la maquinaria y la velocidad productivas» en el marco capitalista. Esa que requiere camuflar la preocupación y el conflicto bajo una coraza de motivación forzada generadora de contagio, mantenedora del ritmo de producción del sistema, sintonizando como procesos análogos: producción intelectual y de mercado.

He aquí el asunto que quiere atravesar las páginas que siguen, bajo la sensación de que el entusiasmo sostiene el aparato productivo, el plazo de entrega y tantas noches sin dormir, los procesos de evaluación permanentes, una vida competitiva, el agotamiento travestido, convirtiéndose en motor para la cultura y la precariedad de muchos que buscan vivir de la investigación y la creatividad en trabajos culturales o académicos. Ya sea aquellos que siempre quisieron hacerlo, como otros muchos que descubren en lo que les motivó en algún momento pasado la posibilidad de convertirlo en la red en razón de ser frente a un vacío laboral o vital.

Y me parece que el entusiasmo anuda una de las dificultades del mundo actual cuando hablamos de las formas de movilización creativa, dependencia y conflicto contemporáneos. Me refiero no solo a aquellas potencias derivadas de habitar un mundo conectado, mediado por pantallas y por la posibilidad constante de crear y compartir fragmentos de

---

1. Me refiero aquí tanto a mis ensayos más recientes –*Ojos y Capital, (h)adas* y *Un cuarto propio conectado*–, que sugieren de manera esbozada algunas de las ideas que desarrollo en este libro, como a los artículos en los que sitúo como foco de preocupación las vigentes dinámicas del sujeto creativo y precario y la instrumentación capitalista del entusiasmo.

vida, sino también a la búsqueda de la hiperactividad con todo tipo de estrategias apoyadas en la motivación y mantenedoras de la ansiedad productiva de quien teme o se resiste (no está claro) a dejar tiempos vacíos entre sus prácticas. Tiempos que puedan hacer pensativa la lógica laboral en que se inscriben. Porque quizá si lo hicieran, estos tiempos operarían como interruptor de conciencia y movilización.

El pasado no ayuda. Hace tiempo que en Occidente las idealizadas figuras de artistas y creadores han soportado capas y capas entrelazadas de mitos que agrandaban su presuposición, primero como hombres, y segundo como individuos capaces de vivir al límite y de lindar con el precipicio de la pobreza. Una pobreza derivada en muchos casos de un contexto previo de solvencia material e ilustración donde el sujeto que amaba crear estaba dispuesto a renunciar a lujos y abandonar propiedades por su pasión intelectual. Porque rara vez ha venido del pobre, que difícilmente podía siquiera aspirar a un tiempo ilustrado, a desear crear.

No se desea lo que no se conoce o lo que precisa tiempos socialmente no productivos (ya saben, pensar, aburrirse, soñar, poetizar...). Con vivir ya basta. Si el poder en Occidente tuviera voz, habría sido un eco que atravesaría el pasado: «No es bueno que los pobres creen.» No lo es porque la creación es movilizada por el conocimiento, el conocimiento genera conciencia, y la conciencia es pregunta que interpela: ¡eh, tú, por qué tienes tanto y yo nada!

Hoy sin embargo en muchos lugares del mundo, allí donde unos mínimos democráticos garanticen la educación pública, los pobres estudian, los pobres acceden al mundo archivado y los pobres pueden crear. Muchos sueñan con hacerlo. Y esto parece transgresor. Sin embargo, el escenario contemporáneo nos hablaría todavía de antiguos mitos heredados y singulares expectativas sobre los creadores, proyectando una pasión pura y sacrificada, dispuesta a renunciar a lo material por su entusiasmo creativo. Esto no ha hecho sino sostener sistemas dicotómicos que han contribuido a fracturar las parejas alma y cuerpo, vida material y vida espiritual, trabajo creativo y pago económico. Tan bella y sentidamente (porque es ficción y es cierto al mismo tiempo) en su *paseo* Robert Walser describe en boca de otros su preocupación de poeta pobre:

> El dinero está desde hoy a su disposición. Se ve que un fuerte alborozo se extiende en este instante por sus rasgos. Sus ojos brillan; su boca tiene en este momento un algo sonriente con lo que quizá hacía mucho que no había reído, porque apremiantes preocupaciones cotidianas de carácter odioso le prohibían hacerlo, y porque desde hacía largo tiempo quizá se encontraba la mayoría de las veces de apesadumbrado humor, ya que toda clase de malos y tristes pensamientos ensombrecían su frente. Frótese las manos de placer y alégrese de que algunas nobles y amables benefactoras, movidas por el sublime pensamiento de que es bello amortiguar el sufrimiento y bueno suavizar la necesidad, pensaran que un pobre poeta sin éxito (porque eso es lo que es usted, ¿no?) necesitaba apoyo.[1]

«Amortiguar el sufrimiento», «suavizar la necesidad» de un pobre poeta que es pobre y como es poeta no debería hablar de dinero. En algún momento de nuestra historia hablar de dinero cuando uno escribe, pinta, compone una obra o crea se hizo de mal gusto. Como si la creación habitara esa dimensión donde el pago ya se presupone suficiente en el ejercicio creador; como temiendo (o alimentando el temor) que las palabras *dinero* o *sueldo* entren en conflicto con la inspiración, que algo ensuciara el mundo abstracto

---

1. R. Walser, *El paseo*, Siruela, Madrid, 1997, pp. 8-9.

y limpio de la obra, aun cuando está hecha entre detritus y miseria.

Pero también la donación frente al pago hace a la persona creadora dependiente de un sistema de auspicio derivado del poder y la riqueza. Sean ricos benefactores, sean contemporáneos bancos rescatados, siempre me ha parecido que eclipsan en sus dádivas los delitos que toda gran fortuna esconde.

En los últimos tiempos, sin embargo, ha ocurrido que la valoración del ejercicio artístico se ha socializado del lado de la afición y el placer como aquello practicado en tiempos ociosos y considerado difusamente como actividad laboral. De forma que el contexto no pierde la oportunidad de recordar a quienes crean que eso no es un trabajo en sentido estricto y que por ello cualquiera puede aprovechar para pedir gratis a un amigo o a un familiar que crea: un retrato para su hijo, una ilustración para su trabajo, un poema para su pareja, presuponiendo que el gusto por hacer ya compensa el trabajo, reforzando la idea de que el pago a lo creativo va implícito en su mero ejercicio.

Con excesiva frecuencia nos viene a la mente esta dicotomía presente en la relación entre creación y precariedad. Me refiero a la que presenta enfrentados el dinero y el saber, el interés comercial y el interés cultural, la creación mundana y la espiritual. Y me parece que cuando se nos muestran como opuestos hay algo de fingimiento interesado, porque nunca una creación se hace aislada del mundo material. Toda creación siempre es atravesada por las cosas cotidianas de la vida: el trabajo, el dinero, los espacios que habitamos, nuestros cuerpos y deseos, esa maldita preocupación.

Pero también la democratización creadora se sostiene hoy en un escenario que ha encontrado en las últimas décadas el hábitat idóneo para su generalización en un mundo en red, con fácil disponibilidad de acceso al conocimiento y a multitud de herramientas que favorecen y permiten compartir lo producido. En poco tiempo ha pasado que en Internet todos nos hemos convertido en creadores potenciales, en productores creativos de mundo. La emoción primera de idear y compartir textos, imágenes, proyectos, publicar libros, hacer películas y obra aún nos hace rememorar esa intensidad personal que descubrimos en la infancia frente al ejercicio creador trenzado al atardecer entre ceras como fósforos y tardes de desván.

Una emoción que pasa por alto el espejismo efectista que promueve el software y las infinitas aplicaciones (como apéndices de nuestros dedos) que dicen ayudarnos a crear hoy a golpe de clic; pero también las infinitas posibilidades de archivo y combinación de mundo derivadas de la apropiación y mezcla en la red, favorecidas por la tecnología y un mundo excedentario, donde todo lo digitalizable (cada vez más «todo») circula.

Tengo la impresión, y es lo que intentaré reflexionar aquí, de que las herencias del pasado operan hoy en un mundo creativo que la red y las formas contemporáneas del capitalismo cultural han convertido en algo profundamente distinto. Pienso que en una vida conectada pronto descubrimos la potencia de disponer de conocimiento y recursos para crear y comunicar como práctica habitual en nuestros días, pero que así como crece el deseo de convertir una práctica vocacional en práctica que nos permita una vida emancipada y un trabajo remunerado, el escenario global muta increíblemente las formas de vivir la frustración, el empleo, el fracaso y la expectativa.

La permanente cuantificación de mundo (nosotros también, que vamos adjuntos) y la hipervisibilidad de estos procesos (la vida al lado de nosotros mismos) nos transforman. Y lo hacen desde un punto de vista también material y claramente biopolítico. Desde las casas-habitación donde vivimos y la forma de relacionarnos y desear, hasta la experiencia de una pasión creativa que tanto frustra como *punza y arrastra*.

No tardamos en advertir que el sistema cultural se vale hoy de una multitud de personas creativas desarticuladas políticamente. Multitud alimentada de becarios sin sueldo, contratados por horas e interinos, solitarios escritores de gran vocación, autónomos errantes, doctorandas embarazadas, colaboradores y críticos culturales, polivalentes artistas-comisarios y jóvenes permanentemente conectados que casi siempre «compiten».

Pronto descubrimos que la posibilidad de un pago afectivo o de un pago inmaterial que al menos les haga visibles es un pago insuficiente pero «va reconfortando»; que algunas personas lo logran porque acumulan grandes, ingentes números online, pero difícilmente la mayoría que orbita en torno a números bajos pagará facturas y comida sumando seguidores en Internet en el «libre» ejercicio creativo y sin ceder a la presión tramposa de las audiencias. Pienso que este contexto no ha venido libre de explotación y desigualdad.

Creo que estos procesos de toma de conciencia y frustración (este singular dolor que oscila entre sentir perder y recuperar la pasión por crear) describen a una generación de personas conectadas que navegan en este inicio de siglo entre la precariedad laboral y una pasión que les punza (por sentirla, por haberla sentido, por estar perdiéndola).

No olvido que quienes crean tienen cuerpo. Un cuerpo que habita lugares con identidad y que transita espacios. Que aquí y allí los entusiastas se relacionan con otros y fantasean, pero no solo como parte de su proceso creativo, sino también como parte de su subjetivación política. Por ello *El entusiasmo* propone un acercamiento crítico y «encarnado» a las formas de creación y precariedad contemporáneas desde lo pequeño *(intimidad* frente a *estadística)*. Quiere hacerlo sin renunciar a la potencia que la imaginación y las figuraciones políticas tienen en el ejercicio reflexivo sobre el mundo capitalista y en red que habitamos, desde la vivencia de sujetos con nombre, observados de cerca junto a esa mesa con polvo y a esa ventana entreabierta.

No se extrañen si a la mirada reticular a los mundos de vida de la creación contemporánea, graduada desde los estudios sobre la cultura y las redes, la antropología y el arte, y escrita desacomplejando el amor entre etnografía y literatura, se suma la figuración política no exenta de fantasía, contradicción y fábula. Porque moviliza pensar que personajes y máscaras pueden ayudarnos a encarnar la potencia y limitaciones de la vida a la que apunta la precariedad de los entusiastas, sin menospreciar su «como si», su metáfora, su «érase una vez».

2. TRABAJOS CREATIVOS Y FORMAS DE VALOR

Nos enseñaron que hay palabras, como prácticas, dotadas de poder para volar y otras para reptar por el suelo. Unas tienen que ver con los trabajos de la imaginación y otras con la textura de la carne y de los cuerpos, con la comida, con la orina, los residuos y con la tierra, esas cosas groseramente humanas. Pero nunca los trabajos debieran despojarse de los cuerpos, tampoco hoy, cuando la carne se pega a las teclas y los trabajos creativos nacen cada vez más entre pantallas y ojos, piel y píxeles.

Pero también nos enseñaron que hay cuerpos con poder para volar y otros que siempre andan entretenidos con las cosas y cuerpos que habitan en algún adentro. Unos y otros han venido significándose de manera distinta y también circulando alrededor de diferenciadas formas de valor. Observo, por ejemplo, que frente a las orientaciones tecnológicas y los trabajos relacionados con las clásicas formas de prestigio (todavía muy masculinizados), la práctica cultural se feminiza y nutre de un excedente de mujeres formadas en lo que aún llamamos ciencias sociales y humanidades (viejas y nuevas). Un excedente que conforma una bolsa de mujeres creativas desempleadas y precarizadas a las que pronto les salpica la abdicación de los poderes públicos en sus responsabilidades sociales relativas al cuidado y la atención a las personas dependientes. No es trivial que paralelamente a la tendencia de estos poderes a subordinar política a economía, auspiciados por un marco neoliberal de mayor desigualdad, las mujeres se vean interpeladas a asumir (como antes, como siempre) los trabajos que reptan por el suelo, pocas veces considerados empleo, de cuidados y atención social. Trabajos, en el mejor de los casos, envueltos en leyes de dependencia que feminizan su tarea y se les presentan como única o más viable alternativa laboral.

Me llama además la atención que mientras los trabajos culturales son territorios muy feminizados, allí donde estos trabajos (ampliados en sus facetas culturales, académicas y creativas) comienzan a estar prestigiados, mejor remunerados, y a suponer un poder explícito (pongamos a esta idea, por ejemplo, puestos de director o catedrático), la cosa cambia. Entonces a nadie extrañará que (como antes, como siempre) estos trabajos sigan siendo especialmente para los hombres.

Y siento que el cariz también es político al advertir cómo la exposición de los creadores y estudiosos a este escenario sigue situando un gradiente de distintos sujetos que oscila, en variadas formas, entre aquellos que disponen de dinero, contactos y alianzas potenciales como sustento (casi siempre familiar o afectivo) para respaldar una vida de creación desde un mayor «grado de libertad» y aquellos que son pobres, es decir, aquellos cuya libertad está condicionada por no disponer de dicho sustento. Bajo esta percepción, no sería descabellado afirmar que *género* y *pobreza* siguen operando como categorías clave para la desigualdad laboral y la precariedad contemporáneas en los trabajos creativos, que adquieren nuevas formas siendo viejas herencias.

Es entonces cuando los sistemas públicos y privados arbitran mecanismos orientados a paliar estas formas de desigualdad. Favoreciendo que, en caso de acreditar una «no disponibilidad de recursos», esto no sea impedimento para las personas creativas. Surgen para pobres y precarios nuevas políticas de becas, subvenciones, ayudas, contratos de prácticas que dicen querer apoyar esta pasión, este entusiasmo, este valor que presuponemos en quienes crean. A poco que observemos este escenario (he aquí el segundo propósito de este libro), advierto varias cuestiones que merecen subir a la mesa de disección:

Una. El apoyo de la práctica creativa se materializa cada vez más en contextos competitivos que rompen los lazos de solidaridad entre iguales. Se sustentan además en trabajo pocas veces y escasamente remunerado que esquiva la contratación estable y se presenta bajo eufemísticas propuestas de formación, experiencia o prácticas. Es visible cómo el mundo cultural es mantenido por colaboradores a tiempo parcial, entusiastas becarios y figuras diversas para la gestión de redes (nombradas, a ser posible, en inglés y pagadas con audiencia y renglones de currículum).

Dos. Paralelamente, en los contextos legitimados para el arte, la cultura (en su dimensión profesional acotada) y el conocimiento, los tiempos tienden a ser fagocitados por infinitas burocracias digitales que engullen la posibilidad de crear e investigar desde la concentración, un bien valioso pero escaso. Generar memorias, difundir actos, contabilizar interés de los medios, dar cuentas de la mínima inversión realizada, pedir recibos, evaluar, hacer informes y cumplimentar bellísimas bases de datos, sí. Como si afectados por la mala conciencia de derroche de grandes cantidades de dinero no justificado, donado a la libre designación o a la libre disposición de quienes mandan, se intentara desviar todo el esfuerzo de justificación a los niveles más bajos de contratación, a los más precarios. Estos trabajadores dedicarán días y días a justificar el pago de cien euros por una conferencia, frente a miles de euros gastados en dietas y libre disposición de quienes mandan que no precisan un mínimo esfuerzo, un mísero papel reciclado que rece «justificación»; recordando la desigualdad que provocaban los viejos modelos feudales, tan parecidos pero ahora más tecnificados.

No es exagerado advertir cómo la burocratización de la vida de estos trabajadores corre el riesgo de neutralizarlos, anulando a los sujetos que debieran dedicarse a investigar y crear y que orientan sus tiempos a justificar y cumplimentar interminables formularios e impresos, cansándolos de antemano para aliarse y reivindicar, pero también apagando su pasión intelectual. El riesgo es la pérdida de lo más valioso: la libertad que convierte la creatividad humana en algo transformador, en algo capaz de ayudarnos a conocer más y mejor, curar, resolver, inspirar, confrontar, entender, perturbar, emocionar, desmontar injustas formas de poder, favorecer la igualdad social, mejorar mundo.

Tres. El acceso a dicho mundo, precario pero mínimamente vivible y suficiente para muchos pobres resignados, se sostiene sobre un nuevo «sistema de valor» donde la tecnología y las redes consolidan un claro protagonismo, apoyadas por la primacía estadística de «un mundo cuantificado». De forma que se posiciona a los creadores (como prácticamente a todos los sujetos productores hoy) a partir de su mayor o menor *visibilidad,* su mayor o menor *influencia*. Como si el «valor» fuera una de las grandes apropiaciones del mundo en red, como si la batalla por el juicio y ese otro *valor* (estético, reflexivo, político, formativo, competencial...) hubiera sido despojada de matices, y estuviera ganada de antemano por los procesos de objetivación y digitalización a los que apuntan tanto la lógica neoliberal y mercadotécnica como la lógica estadística en alianza con la multitud conectada.

Me parece que cuestionar la parcialidad vestida de neutralidad de estos condicionantes resulta hoy necesario, y que, a poco que busquemos comprender para transformar, movilizados por mayores grados de justicia social, se nos hace urgente discrepar y resistir las inercias, al advertir en ellas formas de opresión que buscan normalizarse en el juego de lo cotidiano.

3. EL ENTUSIASMO ÍNTIMO
Y EL ENTUSIASMO INDUCIDO

>
> Ese instante que no se olvida
> Tan vacío devuelto por las sombras
> Tan vacío rechazado por los relojes [...]
> Humedecen las únicas palabras
> Por las que vale vivir.
>
> ALEJANDRA PIZARNIK,
> «A la espera de la oscuridad»,
> *La última inocencia* (1956)

Afuera hay plazas, no son más que plazas pero algo del pasado se activa y pregunta: ¿por qué emociona ver a los niños jugando?, ¿será acaso ver una edad como una *potencia* del ser más que un hacer o un lugar? ¿Por qué la práctica creadora es capaz de encender a los niños que nos duermen dentro para precipitarnos en ella como aquello que perturba irreversiblemente?, ¿por qué nos moviliza con la pasión y el dolor de la muerte y de la vida, o de la mala suerte? ¿Cómo?, si en el crear, las herramientas en apariencia inofensivas (estas teclas, esos libros, esos versos, ese instrumento musical, ese lápiz...) se convierten en un martillo capaz de romper la roca y el hielo de un alma endurecida y domesticada. Cierto, no siempre lo hacen, pero pueden, y en la posibilidad nos lo jugamos todo. En la posibilidad late «ese instante que no se olvida».

La pasión, como el deseo, como la fe para quien la tiene, moviliza. La pérdida (de la pasión como de la fe) punza como el reverso del deseo. A veces inquietan por el desamparo que provocan. Porque de todo aquello que podemos hacer y a lo que podemos aspirar en la vida, la exaltación creativa en sus diversas formas de imaginación, curiosidad, indagación intelectual y producción de obra parece salvarnos cuando es íntima y sincera.

El entusiasmo activa el deseo de crear como algo *interno* y, en apariencia, poco exigente para su ejercicio: imaginación, entrenamiento, tiempo e instrumento. Poco exigente, decía. Matizo. Hoy el tiempo es un bien escaso, tan repleto de trabajos y tareas burocráticas y tecnológicas que apenas aparece a intervalos pequeños, difíciles para la concentración que precisa ejercitar, formar y practicar eso que punza.

Para quienes lo hayan sentido, este entusiasmo propio de la creación siempre vuelve, como motor que anima a la práctica de una pasión o como recuerdo que moviliza por haberla experimentado. Es persistente y merodea cerca, movilizando o doliendo; una y otra vez se filtra como el agua entre las grietas, en hilos finos o en bocanadas que nos sumergen.

El entusiasmo, cuando viene de la pasión *íntima,* requiere espacio y tiempo. *Tiempo,* decimos. Infiltrando un punzón en esta página-piedra, dejando un hueco, un *interticio blanco,* encorvada y en silencio unos minutos, observo la rareza del gesto entrenado en ese invento capitalista que es la prisa.

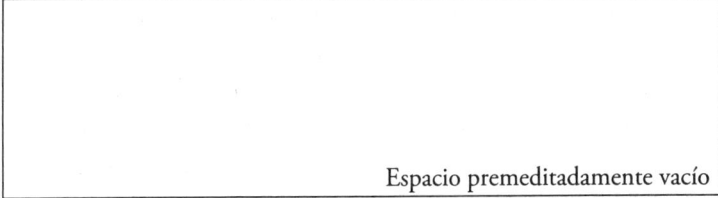

Espacio premeditadamente vacío

Toda infiltración de tiempo y espacios vacíos ayuda a ralentizar la percepción de las cosas, incluso a conocer sus historias y movernos por ellas entre los intersticios blancos. Bajo esta mayor lentitud, advierto que al entusiasmo también lo mueve una forma de deseo con historia. Es más, pensar en el *entusiasmo* como palabra ayuda a entender una tradición que lo vincula a la inspiración divina y el *éxtasis*. Un estado de exaltación que eleva el espíritu de quienes crean. De hecho, en el pasado la palabra *entusiasmo* ha apuntado al efecto de la intervención de un dios o fuerza inspiradora en la persona encendiendo su fuego interno. Sugerentes historias se esconden en su mitología como el arrobamiento de las *Sibilas* que predecían el futuro en la Antigua Grecia.

Hoy todos habitamos la ficción de manera normalizada en las pantallas, pero pocos mundos creen en Sibilas o en fantasiosos dioses, salvo esa forma de creer que da habitar novelas, metaversos, videojuegos y mundos virtuales inmersivos, donde cada vez más el marco de fantasía permite un solapamiento de imágenes y experiencias por los que transitamos con relativa reversibilidad.

Entretanto, seguimos relacionando el entusiasmo con «una actitud de júbilo», con la exaltación del estado de ánimo y la inspiración, evidenciando una alegría poderosa, en apariencia incluso excesiva. Aunque, bien pensado, me parece que el entusiasmo íntimo nunca puede ser considerado *excesivo*.

Es tan mágico encontrarse a personas brillantes armadas con libros, disfraces o tecnología y una expresión en sus caras de quien descubre la complejidad y la potencia de lo sensible con extrema y violenta libertad, hilando proyectos con intensidad, confiando en que podrán hacerlo; como cruel descubrirlos años más tarde impostando sonrisas en pasillos y salas de espera, con actitudes que han abandonado la *actitud*, perdidos entre cordilleras de certificados, caducos perfiles de especialización que no les motivan y neutralizados en bolsas de trabajo precario. Esas ventanas que imaginaron debieran poder abrirse.

Cuando pienso en mis últimos años como profesora, un ejército de compañeros y estudiantes entusiastas viene a mi mente. Muchos de ellos han quedado grabados en mi memoria, juro que con verdaderas estrellas en los ojos. Aparecían cuando de pronto compartían su vocación creativa, defendiéndola como lo que lograba aportar un sentido pleno a sus tiempos, a los más valiosos, como aquello que han llegado a elegir libremente. Y no es algo pequeño. Como me sugería uno de esos estudiantes que no se olvidan, son multitud las cosas que la vida nos impone (el lugar donde nacemos, la familia con que crecemos, el territorio que habitamos, los recursos, las enfermedades y limitaciones del cuerpo...) y pocas aquellas que realmente podemos elegir. Creo que el entusiasmo íntimo y creativo señala posiblemente una de nuestras primeras muestras de verdadera libertad.

La apropiación de la maquinaria entusiasta

Si el entusiasmo fuera hoy, como aquí sugiero, una seña de época, lo sería más como un «entusiasmo inducido», alimentado por la cultura (y en ella por las lógicas) de mercado. Resultado de un mundo competitivo movido por la primacía del capital, donde la precariedad se derrama y extiende.

En este escenario, hacer visible el júbilo que se siente por una práctica puede ser determinante para obtener un trabajo o para «ser elegido» como paso para lograr un empleo, un reconocimiento, un mejor futuro. Exagerar las formas de mostrar un interés por una práctica es algo hoy incentivado por el sistema de mercado, animado como criterio para diferenciar y evaluar a los candidatos a un trabajo. «Da las gracias, sé servicial y nunca dejes de sonreír.» Preferir al entusiasta y no al triste, verlo en las redes, en la publicidad, elegirlo, es algo cotidiano.

La razón de su incentivo puede encontrarse en que este entusiasmo inducido se ha convertido en herramienta capitalista que permite mantener la velocidad productiva, esconder el conflicto bajo una máscara de motivación capaz de mantener las exigencias de la producción a menor coste. Sus formas amables y positivas son buscadas y preferidas para no ceder en los ritmos de consumo, arropadas por un mundo que pareciera caracterizarnos por «hacernos clientes» o por «hacernos atender a clientes».

Como efecto, el entusiasmo se convierte al mismo tiempo en algo que salva y que condena. Es decir, en aquello que mientras moviliza sienta las bases de una suerte de explotación contemporánea en la que se ven atrapadas aquellas personas que necesitan/buscan un sueldo para pagar tiempo de investigación o creación, a diferencia de aquellos que –como en el pasado– disponen de medios que pueden convertir en tiempo y libertad creadora. Sugiere Hito Steyerl,[1] de manera audaz e inspiradora, que esta explotación concentra muchas de las contradicciones del capital, sembrada de motivados colaboradores, investigadores y contadores de «sí mismos», que se exigen máxima dedicación, energía, entrega y sonrisa, como inercia que augura reconocimiento, quizá trabajo, quizá futuro.

Me resulta complicado sacar de este pensamiento la imagen obsesiva de un reloj trucado que, en lugar de contar las horas, cronometra un tiempo que siempre parece volver al punto de partida, entrenando a las personas entusiastas en: hacer, aceptar, innovar, compartir, actualizar, abrir, cerrar, enviar, revisar, continuar, empezar, empezar...

Porque me parece que esta precariedad que les señalo como efecto de instrumentalización del entusiasmo y la pasión creadora, está definida por la caducidad como principal rasgo. Una caducidad que no solo impregna la precariedad laboral contemporánea, sino también la vida en las redes. Cuando la volatilidad es tan grande como ahora, no está claro cómo retener las cosas, y quisiéramos hacerlo, pero evi-

---

1. Steyerl relaciona esta explotación con el «trabajo de choque» entusiasta e hiperactivo. H. Steyerl, *Los condenados de la pantalla*, Caja Negra, Buenos Aires, 2014, pp. 99 y 105.

tando el péndulo de la caducidad extrema a un lado frente a las viejas y pegajosas sentencias esencialistas del pasado que tantos dogmatismos y tanta desigualdad crearon.

En este entramado no exento de ambigüedad, una forma de estabilidad que se asienta es la que algunos entusiastas buscan con sus nombres propios en las redes. En el ejercicio de repetición y circulación constante se afanan por asentarlos como amarres de permanencia, como «marcas» de sí mismos, nuevos productos a la venta bajo una nueva lógica que transgrede las viejas formas de identidad; modalidades empresariales que buscan maximizar el valor de mercado del «sujeto como marca».

De manera contrastada, en las redes convive la disolución de la autoría y los nombres en los fragmentos apropiados y recontextualizados por la circulación extrema, con el esfuerzo por que quede una firma. Porque a menudo lo que vemos de los demás en un magma de producción creativa que circula, es un nombre junto a unas líneas. Como si ante el riesgo de desaparición se redoblara el esfuerzo por resaltar la palabra como título que nos nombra, visibilizarla, hacerla circular, en detrimento del pozo (allí donde habita la creación), donde el nombre es solo etiqueta.

Movidos por la mercadotecnia de los tiempos, el esfuerzo se concentra en la piel que son los nombres y es la imagen, la portada de las cosas; apenas rascar con la uña frente al ahondar en una cueva que ensucia, requiere tiempo y a menudo inquieta. Así, pareciera que lo que se pone en juego en la cultura entusiasta y excedentaria de Internet son los nombres propios, los productos últimos reducidos a los nombres. Como si el prestigio se mostrara cada vez más sintetizado en esa marca y domesticado en datos de uso.

No cabe olvidar que los criterios culturales no vienen ya dados por la cultura (entendida como sector específico de trabajo y práctica creativa), sino por el mercado. No pocos pensadores contemporáneos de los que Bauman[1] y Bourriaud[2] serían claro ejemplo apuntan al mercado de consumo como aquel que provee de criterios culturales, es decir, al mercado como responsable de asentar estas nuevas formas de valor.

Bajo esta dinámica capitalista, entre las formas en que la precariedad atraviesa la *cultura-red*,[3] llama la atención la que contribuye a mediarla y remediarla «sin confirmarla». Es decir, la forma en que el tránsito por la apariencia y por la apropiación recontextualiza lo que vemos, haciendo confuso su pasado, haciendo propias las imágenes e ideas de otros bajo la promesa de una creación colectiva tintada de utopía y potencia, cuyo reverso es la precariedad de muchos. Fascina la increíble movilidad, rapidez, uso y apropiación en pos de la multitud conectada. La lógica de las redes es así y viene desde abajo. Quizá por ello es fácil confundir su precariedad con «un acto de solidaridad».[4] Confusión que contribuiría a normalizar formas de desigualdad y pobreza.

En esta cultura entusiasta, *lo poco*[5] está siendo rápidamente denostado frente a la primacía de los grandes números y datos que rebosan entre los dedos describiendo el mundo. Tiene que ver con la crisis de los viejos sistemas de valor, apoyados en formas de calidad y prestigio sustentadas por expertos hoy cuestionados, pero también con la deriva pendular hacia un valor capaz de sintonizar con la época, un

---

1. Zygmunt Bauman, *La vida líquida*, Paidós, Barcelona, 2004.
2. Advierto cierta analogía entre la precariedad del sujeto y la «estética precaria» sugerida por Bourriaud al referirse a la obra y reflexiones del artista Thomas Hirschhorn: «Al venir "de abajo", la estética precaria tiende a confundirse con un acto de solidaridad.» Nicolas Bourriaud, *Radicante*, Adriana Hidalgo, Buenos Aires, 2009.
3. Desarrollo este concepto *(cultura-red)* en mi libro *Ojos y Capital*, Consonni, Bilbao, 2015.
4. N. Bourriaud, *op. cit.*, p. 102.
5. «*Lo poco* es el icono último», *ibidem*, p. 100.

valor objetivable y cuantificable que permita manejar el exceso sin bajar el ritmo de producción, un valor perversamente manipulable.

Así, ante la predominancia de «lo mucho», el pago más fácil, porque es el más rápido, es el «pago con ojos». Ser visto es lo que mejor puede ser registrado e inscrito en la lógica de los criterios de mercado ayudando además a asentar los nombres como marcas. Mientras que el otro pago (el remunerado) se advierte como inversión futura.

Claramente hoy todo se cuenta y los pagos ante todo son «números». Todo precisa ser cuantificado para ser operativo, pronosticado, solapando la compleja acción de las pantallas como zona socializadora, de control y parque de atracciones, donde creemos «jugar» mientras «nos juegan», porque nosotros también somos «los datos».

En la época del entusiasmo inducido prevalecen las miradas tecnológicas que archivan y predicen patrones y tendencias de la multitud, que coexisten con las que nos acostumbran sin pestañear a una guerra o masacre «allí», y levemente (días o parpadeos) si es «aquí». Todo es visible y acumulable, pero efímero en su afectación, poco pregnante.

Pasa en este contexto que el exceso que condiciona la volatilidad de la vida online genera sensaciones contrapuestas. De un lado, la satisfacción de la plena disponibilidad, de otro, la imposible saciedad ante la glotonería de querer tenerlo todo, sabiendo que una vida no daría para ver, leer, consumir tanto.

La ansiedad que provoca el ver y el deseo se compensan mínimamente pudiendo «poseer» digitalmente (descargar, archivar) frente a una aplazada profundización en las cosas. Mientras nos llega «el tiempo» optamos por guardar, no tanto como esos perros que esconden los huesos pensando en un después, sino como esas personas que acumulan y acumulan por defecto, pero con variantes más cercanas a lo que preconizaba el Diógenes clásico defensor de la privación y la independencia de «lo material». Porque ahora es «lo digital» lo que guardamos. Y en la dimensión a la que esta práctica apunta observaremos que sí requiere «lugar». Por ello, así como ampliamos habitaciones, ahora cambiamos *gigas* por *teras*, y discos duros por *nubes* para acumular y acumular por defecto, por si acaso. Otra cosa es el *tiempo,* donado al consumo y a la producción entusiasta de datos e, indirectamente, a «hacernos datos».

4. PRECARIEDAD Y MOVILIZACIÓN DE LA PASIÓN CREADORA

> No es verdad que los pobres seamos libres.
>
> LAURA BEY,
> *Mi vida en la primera IP*

Solo como efecto de un espejismo o una ensoñación romántica podría el ansia del pobre satisfacer su entusiasmo cuando no hay libertad. Fue hermoso idealizar al creador pobre cargado de conflicto, presuponiéndolo libre a pesar de las dificultades, ennobleciendo su carácter y convirtiéndolo en alguien singular y extraordinario. No pocas figuras míticas han conformado esa visión cargando un plus de exigencia y valentía al que crea, que sea capaz de anteponer su pasión a su alimento y a la expectativa que el mundo (familiar y social) pone sobre su persona.

Pocas mujeres encontrarán en ese selecto club que la historia y la ficción ha creado a la medida de algunos. La imaginación no ha sido capaz de dar alas a mujeres pobres para que pudieran anteponer su pasión a su alimento, la expectativa familiar y de cuidados siempre las ha colocado al otro lado de la puerta y de la libertad. No, no está claro que las pobres sean libres. Pero tampoco que la libertad sea ya como antes.

Hoy se solapan y a veces se mezclan las viejas culturas de los lugares con ese estrato transversal de las redes y el mundo globalizado. Un contexto que genera sensación de poder y libertad solo por estar conectados. Pero ¿cómo distinguir la libertad en las inercias de la civilización contemporánea en un marco neoliberal?, ¿cómo enfrentar su espejismo cuando habitamos el mundo digitalizado pero en su exceso nos sentimos insaciables y con frecuencia perdidos?

Pasa que ahora los gordos son los pobres, que datos y carne rebosan los pantalones, que nos atracamos de mundo en las pantallas. Y claro que la mera disponibilidad de información, pruebas y datos no garantiza un mundo mejor informado ni más libre. Al contrario, pareciera que los tiempos rápidos y excedentarios no promueven el esfuerzo y tiempo que precisa la conciencia, sino que derivan más hacia lo emocional y lo que reconforta (aquello que refuerza lo que ya pensábamos). Justo lo que mejor tolera la velocidad y la gestión de un mundo desglosado en números.

No sabemos exactamente en qué momento «estar y tener» mundo superó el entusiasmo por «crear y transformar» cosas. En qué momento unos pocos acumularon tanto, casi todo, y la mayoría, casi todos (constantemente aplazados en el deseo), acumularon datos y tiempo de conexión, entretenidos en el mundo en las pantallas. No está claro en qué momento la vida real se aplazó a un futuro que siempre se pospone, mientras los jóvenes envejecen como becarios, interinos frustrados, cuidadoras, camareros y teleoperadoras.

Para quienes tienen pocos años es fácil considerar la vida como algo a punto de empezar, pero la juventud se apaga con el tiempo. Esa inconsciente tentación que se convierte en hábito de aplazar la vida a un «después de» (imaginando que la juventud, la salud y la energía estarán siempre). «Después de» esta razón o de ese impedimento: cuando tenga trabajo de verdad, cuando me vaya de casa, cuando devuelva el préstamo, cuando arregle mis dientes, cuando supere esta crisis, cuando olvide a ese amor. Entonces, quizá llegará la vida que permitirá expulsar el aire retenido en la impostura de años. Y por fin decir lo que se piensa, hacer lo que se quiere, vivir como se sueña.

Difícilmente reconoceremos que en el impedimento también habita la vida. Hacerlo sería claudicar a la plenitud creadora como deseo que moviliza mientras envejecemos. Porque conforme pasan los años y pensamos que la inversión laboral previa nos permitirá aumentar el tiempo para uno mismo (y quizá entonces abandonarnos a esa pasión), ese tiempo no llega y el cuerpo se va agotando. No sucede así con la pasión, que muchas personas mantienen fresca, como si en el cuerpo decrépito y arrugado de los años mantuviéramos un lugar secreto hecho de piel de lactante que la protege y carga de esperanza.

Me parece que aplazar lo que consideramos «verdadera vida», movidos por el deseo de plenitud e intensidad futura, puede funcionar como mecanismo conformista que nos permite resistir sin hacer la revolución. Sentir que la vida es algo pospuesto que nos merodea anima a soportar, cerrando los ojos, el temor cada vez más palpable de que nunca se nos brindará plenamente. Creer que no es espejismo, que es verdad, nos ayuda a seguir como hasta ahora.

En algún momento observamos, o nos dicen, o nos dibujan en un cronograma las fases a seguir para superar la precariedad encadenada: cursos de formación, licenciaturas convertidas en grados y másteres, procesos de acreditación, estancias en el extranjero, idiomas, formación-evaluación-formación, como si *ser* fuera lo que está al final; como si solo las personas mayores con trabajo estable o jubilación pudieran disponer de vida y lo demás fuera sucedáneo o proceso, no logro.

Todo está desglosado, estructurado, y entretejidos los años de una juventud dilatada. Y piensan los pobres que la escuela es bastante, pero no lo es. Como si no hubieran abierto las puertas del mundo donde aplicar lo estudiado, bloqueados en ciernes, allí habitan. Contenidos al otro lado, entretenidos en sí mismos, en sus redes, pacifistas sin épica (de momento), alimentando sus aspiraciones en competiciones entre iguales. Cuando quieren darse cuenta dedican sus días y horas a buscar grandes números para sus canales de vídeo y redes sociales, ampliar currículums y recoger cartas de recomendación, llenando sus tiempos de actividad de visibilización frenética e inercias que rentan a veces a su vanidad y, siempre, a los grandes monopolios que hoy territorializan el mundo conectado.

Que la inercia no es pensamiento, que no hay ya espacio para la conciencia cuando el tiempo cede a la actividad frenética, lo intuyen, pero siguen. Porque la vida en un mundo permanentemente conectado se mueve no tanto según la concentración sino según la *impresión*. Y es algo palpable que la atención está en riesgo, que incomoda porque permite ver de otras maneras. Pero es esencial para posicionarnos en la vida de manera consciente, cuestionando, no cambiando unas verdades por otras, sino haciendo reflexivas las formas en que se diseñan las verdades hoy.

5. ÉRASE UNA VEZ... (SIBILA Y EL FUTURO)

> Le venden ácido hialurónico en las gotas para los ojos y en las cremas para su piel. Su tersísimo rostro podría reflejar la cámara que le graba y su sonrisa ganar un récord de permanencia. Estrena ropa de mala calidad con frecuencia. Siempre es ropa barata pero con estilo, para pobres y hecha por pobres, va con un extra de mala conciencia. Habla despacio y me infantiliza. Dice que le importo y me trata con afecto e infinita paciencia. Si le insulto se calla. Si le ignoro me espera. Me enseña alemán y francés en cursos en vídeo y a distancia; me vende un nuevo dispositivo móvil, un plan de llamadas XXL y un préstamo al 3%, mientras escribe una novela. Sibila me evalúa y yo la evalúo a ella, del 1 al 10. En uno de sus ojos asoma una ramita que muestra el inconformismo de lo que no debiera ser, pero casi nadie la ve. Ella se esfuerza por ser amable y se muestra extremadamente servicial. Afirma que confía en mí. Me pide que la puntúe y me da las gracias constantemente. Termina sus frases con «muy bien, enhorabuena» o «es un placer atenderle». Siempre, siempre me sonríe.
>
> SIBILA (sobre Sibila)

Sibila no es la niña, no es la madre, no es la amante, no es la anciana. Sibila es entusiasta y trabajadora. Su nombre es Cristina, María, Ana, Inés, Silvia, Laura..., incluso cuando es Jordi o Manuel, siempre está feminizada. En todos los casos, pongamos que su nombre es *Sibila.*

Sibila tiene aspiraciones creativas y pocos recursos. Sibila no carga con épicas ni grandes relatos, si acaso con la expectativa que le permita romper un linaje de pobres. Lo cree posible porque Sibila es una persona de su tiempo, con muchas horas de estudio que siguen aumentando, y permanentemente conectada. Sibila aún cree que el sistema la ayudará y dedica sus horas a trabajar y a buscar otros trabajos. Y los busca para en el futuro disponer de tiempo que le permita vivir y crear, y por fin dejar de buscar trabajo. La vocación es algo por lo que merece la pena luchar, piensa.

Como cambia de trabajo con frecuencia, muchos se refieren a Sibila como joven que empieza, pero ella ya no se siente joven ni siente ese impulso primero del que empieza. Otra cosa es que en cada comienzo procure darlo todo. A nadie más que a ella importa que quiera (deba o necesite, no está claro) combinar sus trabajos poco pagados con otros como voluntaria, colaboradora o activista, que ejerce de manera desinteresada o pagando por ello. No hay sueldo, pero sí entusiasmo, a veces agradecimiento y aplauso, otras símbolos que importan, satisfacción solidaria que punza, pero no alimenta.

En ocasiones, Sibila se queda paralizada frente a la pantalla difuminando lo que antes distinguía como prácticas diferenciadas. Piensa Sibila cómo mientras algunos logran convertir su afición (como pasión creadora) en un trabajo, Sibila siente que a ella se le dice cada día que su trabajo creativo es una afición. Es decir, que debe contentarse con trabajar gratis.

A lo largo del día Sibila recibe decenas de mensajes automáticos entre los que espera encontrar algo que desencadene una posibilidad de escapar y lograr por fin una actividad motivadora y no caduca, algo que cortocircuite la secuencia de temporalidad de ahora. Pero los mensajes que le llegan están personalizados por robots y su nombre no es más que una palabra inserta en un campo de una base de datos. Cosa distinta es cuando Sibila recibe mensajes personales. Entonces se pone nerviosa, en un sentido positivo. Los identifica a golpe de vista. Hay algo en ellos que resalta como un brote verde entre la hierba seca.

Casi siempre los mira como esas antiguas cartas en papel que ella apenas conoció y que podían contener noticias importantes, palabras equivalentes a un beso o confirmaciones de noticias que se esperan. Sibila quiere ver en ellos algo que desea, imaginándolo mientras cierra los ojos, como quien se niega a mirar el número de un sorteo para mantener vivo el deseo del «puede ser». Después pasa rápido por ellos y los guarda en la carpeta de cosas pendientes para recuperarlos más tarde. La duda la hace sentirse viva de otra manera, en el tiempo que aguanta sin leerlos con detalle. En ese intervalo imagina que esos mensajes contienen una «oportunidad de veras»; o mejor, un «reconocimiento sincero» de alguien que vio con detenimiento su trabajo y en algo le gustó. Cuando retoma esos mensajes comienza por autoengañarse. Pero cuando llega la lectura pausada encuentra lo de siempre: peticiones despersonalizadas de colaboración en proyectos de otros entusiastas que no conoce ni la conocen y que mantienen a todos (a ellos y a Sibila) en el mismo lugar de ahora. A veces (pero muy pocas veces) el día la sorprende y llegan otros mensajes que renuevan su entusiasmo sincero.

Desde que la red es lo que es, Sibila convive con personas que «siempre crean», trabajadores dóciles y creadores de evasión, personas que cambian sus trabajos por sueños e inventan profesiones con mayor o menor éxito atendiendo a su audiencia. Otras que convierten sueños en trabajos, y algunas que, sin sueños, medran en los trabajos, valiéndose para ello del negocio del entusiasmo fingido, vacíos de sentido, recopilando números e infinitos certificados que enfatizan su firma y sello y les posicionan en un mundo hipercompetitivo, creando una imagen de vida falseada que para ir rápido precisa contabilizar las cosas.

Pretenciosos o apocados, los otros que son como ella padecen y suministran (paralelamente) todo tipo de experiencias propias y estetizadas al mundo. Experiencias que reconfortan la autoestima, porque pronto los entusiastas aprenden que si quieren resistir el ritmo tecnológico del hoy, sus obras deben tratar sobre *sí mismos*. Quizá tenga que ver con que Sibila pase cada vez más horas frente a su ordenador y que esta máquina esté pensada para «unas manos» y «unos ojos», es decir, para ella como individuo. Tal vez ayude que sus redes estén hechas de espejos donde su firma la persigue y la interpela sin descanso.

Probablemente no habría necesitado Sibila usar una tecnología tan hermosa, tan rápida y con mil opciones. Para trabajar de su entusiasmo a Sibila le habría valido una algo más tonta y más fea, pero ya que tiene cientos de aplicaciones y por defecto sus máquinas le reclaman actualización y descarga, las usa y les dedica tiempo y tiempo. No es trivial, además, si en su vida donada al trabajo y a las pantallas a menudo las máquinas son las únicas que le hablan y la llaman por su nombre. No causa extrañeza que Sibila fantasee con encontrar complicidad y respuesta en esas aplicaciones. Que se cuestione si pronto podrá preguntar a Google por sus preocupaciones personales. O si siendo amable quizá la máquina podrá fingir mayor empatía e inteligencia y podría ayudarla a verse a sí misma, a valorar si mantiene el ritmo o por fin se para. Pero la corriente la lleva y en el fondo sabe que la máquina la piensa, pero que no necesariamente la ayuda a pensar.

A estas alturas no está claro lo que Sibila cree, y si lo hace con pasión, pero en algún momento pensó que la creación era uno de los pocos territorios que proporcionaban pleno sentido a su vida. Sin embargo, hace tiempo que no produce obra porque anda preparando su vida para poder crear más adelante, con mejores condiciones, cuando logre un suelo más firme, un trabajo más largo, menos presión aquí, en la parte de arriba del estómago.

Es difícil que Sibila se dé cuenta de su vida porque no tiene tiempo para detenerse, para frenarla y advertir lo que pasa. Tampoco Sibila identifica claramente a los responsables de su deriva. Ni siquiera ve a los ricos que salen en la tele como los jefes que ella tiene, ni como los que mandan a los jefes de sus jefes, porque ha trabajado en sitios donde la movilidad era imparable y la cadena de nombres y cargos tan larga como invisibles quienes los ocupaban. La cosa no está clara, pero Sibila cree que, a diferencia de ella, sus jefes últimos siempre cobran. Mientras ella está al borde económico del abismo y de la dependencia familiar pero agarrada a su entusiasmo.

II. Solos y conectados.
Los vínculos con los otros

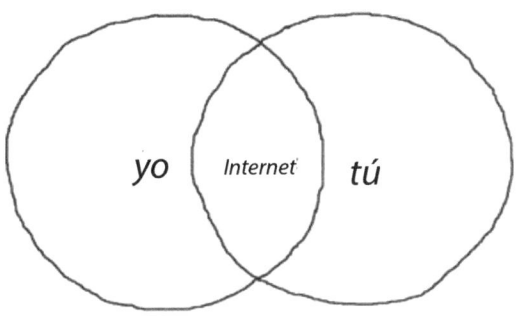

[...] cuanto más acata el individuo esa exigencia de «responsabilidad» respecto a su autonomía personal, más aislado se encuentra desde el punto de vista social y más conciencia tiene de su precariedad; y cuantas más estructuras de apoyo social desaparecen por razones «económicas», más aislado se siente frente a la angustia y el «fracaso moral» que esta situación provoca. Todo esto se traduce en un notable incremento de la angustia sobre el futuro, tanto el de la propia persona como el de quienes están bajo su cuidado; impone un marco de responsabilidad individual sobre el que sufre dicha angustia; y redefine la responsabilidad en términos de la exigencia impuesta al individuo en tanto emprendedor de sí mismo, justamente cuando las condiciones sociales hacen imposible tan dudosa inclinación.

JUDITH BUTLER,
Cuerpos aliados y lucha política

II. Saberes compartidos.
Los vaivenes en los oficios

1. OBLIGADOS A COMPETIR

Aquellos que eran nuestros amigos, ¿recuerdan?, se sientan en algún lugar de la oficina, en otro despacho similar, o al otro lado de la pantalla en una habitación extremadamente parecida. Tienen la misma estantería barata al lado o enfrente, el mismo ordenador personal, y hacen cosas que nos igualan de manera sorprendente. Publican, crean, presentan y difunden en los mismos sitios y redes que nosotros, miran las mismas noticias, aspiran a trabajos tan parecidos que son los mismos.

Solos y conectados, me parece que lo que caracteriza a los entusiastas no es solo el individualismo inducido por la competencia feroz y la conformación de nuestras vidas frente a las pantallas, sino la aceleración del péndulo que estimula a pasar más rápidamente de la presión ante la expectativa a la resignación que desmoviliza.

Sibila ve a menudo a muchos de los que eran sus amigos, pero su sonrisa (la de ellos, la de ella) es ya fingida. Desde que se encuentran compitiendo por los mismos puestos y becas, las cosas han cambiado completamente. La motivación, el objetivo, el trabajo movilizan y dejan de ver al compañero como amigo. El competidor siempre se convierte en contrincante, y Sibila en yo solitario.

Algunas veces en sueños o en nostálgicos espejismos proyectados sobre una plaza o un parque, Sibila recuerda a esos niños corriendo y planeando aventuras, y a esos jóvenes que reían con cervezas o pancartas en las manos. Entonces nadie les dijo que solo había trabajo para unos pocos. Las condiciones de ahora eran un misterio entonces, cuando eran unos críos. De haberlo sabido es probable que se hubieran aliado para no crecer o para cortocircuitar las cosas. Intentarlo, al menos.

De niños nada hacía sospechar que Sibila se vería en la misma lista que sus amigos deseando que ellos no lo logren, que lo logre ella. Ellos deseando que Sibila fracase. Tiemblan las teclas y tiemblan los dedos de Sibila al sentir la rivalidad mezquina de esta sentencia cotidiana que difícilmente reconocerán a la cara.

Rotos los lazos, cínico el sistema, obligados a competir, las redes de apoyo, solidaridad y denuncia de los trabajadores enferman y se desarman, caen de las manos. Rotos los lazos, vestidos de cortesía, fiesta o sexo rápido, una enésima forma de individualismo se hace fuerte. No solo los pactos de confianza con quienes mandan sino también los lazos entre iguales se fracturan.

Sibila se detiene y advierte que pasa casi todo su tiempo trabajando o sola en casa, que sus relaciones con los otros son cada vez más livianas. Que ni siquiera la llaman trabajadora, que siempre utilizan otras palabras. Que sus actividades están difuminadas en una variedad de roles y tareas más o menos burocratizadas, más o menos creativas, pero siempre objetivables.

No es nueva esta deriva individualista. El estado centralizado y el mercado pusieron el acento en el individuo. El capitalismo, en la ruptura del vínculo moral en las formas de intercambio. La industrialización, en el trabajo impersonal para el que siempre existía el ocio y «la vuelta a casa». Ambas, industrialización y capitalismo, se han valido de la velocidad como base del progreso. El refugio en la intimidad y el mayor individualismo parecía una consecuencia clara, pero ¿hasta qué punto la multitud de solos conectados de ahora es seña de una cultura globalizada y en red?

Pienso que el contexto sí ha variado. De un lado, en esta parte del mundo conectado las personas tienen una mayor formación y una mayor expectativa, pero los trabajos de calidad son escasos o han sido sustituidos y desglosados en prácticas temporales y precarias insertas en sistemas de relación y vida que se han vuelto cuantificables, que pueden por tanto ordenarse y compararse, generando ansiedad productiva. La digitalización del mundo ha ido acompañada de la conversión del individuo en registros y datos que nos definen a nivel económico, profesional e incluso biológico y social, en todas las dimensiones medibles del individuo, actuales y por venir.

De otro lado, el entramado red se articula sobre espacios individualizados (cada sujeto frente a su pantalla, ideada para «una persona»); espacios que vistos en conjunto devuelven la imagen de una multitud de personas solas siempre conectadas.

La expectación creativa crece en las redes con la posibilidad de convertir trabajos vocacionales en empleos. Conviven entonces viejos y nuevos estratos productivos que evidencian un desajuste entre el trabajo creativo considerado empleo y el considerado trabajo no remunerado. La temporalidad y precariedad de los trabajos que dan dinero contrasta con los que proporcionan placer y/o emancipación, pues no siempre coinciden. Y los que prometen placer y/o emancipación se valen del entusiasmo para sostener una red de trabajadores en condiciones de gran vulnerabilidad. La difuminación de las prácticas en trabajos mal pagados y la escasez de los que están bien remunerados (habitualmente sujetos a los métodos del mercado y a los grandes números) incentivan la rivalidad entre quienes aspiran a ellos.

No se trata de una secuencia, sino más bien de una serie de modelos que conviven y se reajustan constantemente desde la situación ventajosa de quienes ostentan el poder (económico, político y tecnológico). Quizá (es solo una tentativa) una transformación desde abajo solo parece posible desde la reconfiguración de lazos de solidaridad y apoyo entre quienes se reconocen como iguales, entre quienes descubren la perversión de anular sus vínculos para que el sistema ruede sin conflicto.

Como bofetada que paraliza, de pronto el sujeto que busca un trabajo mejor descubre que la esperanza que puso en el mundo, la que pusieron en él, es incumplible, pues descansa en la «singularidad competitiva», allí donde todos compiten por su singularidad. La posibilidad del triunfo fuertemente alimentada por los imaginarios contemporáneos explota la potencia de la ambición capaz de mejorar el mundo. Porque me parece que cuando el triunfo individual implica el fracaso de los demás es en gran medida un fracaso colectivo. Nadie se pregunta si quizá la máquina está mal sintonizada o si es posible cambiar esa situación para que los contrincantes sean aliados. Cabe pensar que mientras los lazos comunitarios estén desarticulados, el equilibrio de «unos mandan sobre muchos» no es solo más estable, es una roca.

2. ELOGIO DEL FRACASO

> El lenguaje no es la vida, el lenguaje da órdenes a la vida; la vida no habla, la vida escucha y espera. En toda consigna, aunque sea de padre a hijo, hay una pequeña sentencia de muerte –un veredicto.
>
> GILLES DELEUZE y FÉLIX GUATTARI,
> *Mil mesetas. Capitalismo y esquizofrenia*

Según intuyo, Sibila pronto tendrá que sucumbir. Nadie puede soportar las letras de oro todo el tiempo, tampoco tener que dorarlas con pincel porque nunca llegan y se esperan. El escaparate de la red agota. Y esto ocurre cuando la íntima satisfacción de la práctica creativa no puede mirar ya solo hacia uno mismo. Estando online, la visibilidad deja de estar reducida al contexto íntimo o cercano.

Compartir la creación (lo que se escribe, lo que se piensa, lo que hilamos...) es una tentación que pronto nos hace claudicar al «mostrar», enseñar todo lo que hacemos. Mostrar es el primer paso del sueño con letras de oro que todo humano, humilde o vanidoso, lleva dentro. Rápidamente vendrán los modestos reconocimientos amables y el apoyo cercano de ese hermano o de esa amiga. «¡Qué hermoso, qué bello, qué interesante...!» Los pequeños reconocimientos siempre son valiosos triunfos y, de muchas maneras, «condenas subjetivas». Alimentar una pasión y alabar, incluso por mera cortesía, reafirma en quien crea la intuición de que va por buen camino. «Valgo para esto. Me lo dice mucha gente.»

El triunfo es en directo. El fracaso también. El «sujeto que crea» escucha y espera la opinión de los otros. Esa opinión de la gente cercana convive con el posicionamiento «en el mundo». Hoy fracaso y triunfo están sobreexpuestos al mundo, incluso computados por el mundo en la red.

Los instrumentos para medir el impacto de obras y creadores conviven y son ahora cotidianos y accesibles, no descansan. Cada día, a cada rato, cada minuto, podremos conocer cuál es nuestra modesta posición en el mundo a través de la cuantificación sentimental o estética de las obras y opiniones publicadas en la red.

La estadística ayudará en esta medición y ordenamiento del éxito como acompañante que muestra la respuesta de los otros. Aquí, *ver* y *gustar* siempre primarán ante cualquier otra respuesta posible. La programación encaja en esta sintonía promoviendo vínculos amables y afectivos. Interesa reforzar esta lógica, pues mientras el disentimiento y el conflicto suelen romper la comunicación online, es más fácil incentivarla creando pequeños guiños sentimentales y apoyos suaves. La obra y el sujeto se vuelven mera excusa para lo que importa a esa red, que sea usada. Pero quien crea y comparte no piensa en esto, solo vuelve esperando que alguien haya leído o visto su trabajo.

El hedonismo implícito en todo reconocimiento, aun siendo mínimo, lleva al autoengaño, a la vanidad del «no puedo creerlo», yo valgo más, a la sustitución de unos números por otros, aquellos más fácilmente logrables desde las prácticas más emocionales e intuitivas. Y tanto moviliza como oprime.

Si el triunfo creativo es un reconocimiento público, el riesgo de quien triunfa es exponerse al ridículo del fracaso después de la complacencia. Todo va muy rápido. Las cosas cada vez duran menos. Sin embargo, es quizá en el fracaso público donde más libertad encontramos, pues es un lugar tan oscuro como discreto.

Solo el fracaso espanta la expectativa propia y ajena. Todo está por hacer cuando se mira desde abajo. Pero también disuade a la frustración de los otros, cuando nos ven y se comparan («no estoy tan mal», piensan), y sienten una justicia divina de estar ocupando un lugar mejor. Descubrir que, por muy singulares que las personas se crean, todas ellas viven situaciones parecidas, revive una solidaridad erosionada por la vida competitiva.

Hace tiempo que nos sometemos a obligaciones con los otros solo hasta cierto punto; que nos miramos de veras de tarde en tarde. Porque la vida pública nunca dice la verdad y las personas se esconden necesariamente detrás de sus perfiles, que suelen resaltar los pequeños éxitos. Tan iguales pero sin mirarnos con calma, precisaríamos de paredes de cristal para ver en la habitación de al lado escenas capaces de hacer de espejo de la oscuridad de las nuestras.

Los tiempos no lo han puesto fácil. Es complicado mirar al de al lado estando comprometida nuestra vida creativa en el *ahora,* en las redes, escrutada veinticuatro horas. ¿Cómo soltarla de la mano si en ella descansa lo poco que moviliza con pasión en una vida precaria? Y si bien la maquinaria genera rápidas sensaciones de júbilo al hacer y al compartir lo creado, también propicia la sensación de vulnerabilidad por exposición constante, de «fracaso en directo», de imposibilidad, de disolución de la creación por caducidad extrema ante la implacable petición de actualidad, ingenio y novedad nunca saciados.

Tiempo es lo que piden los dedos que teclean, conscientes de que lo necesitamos para responder a esas demandas, y algo de más debiera quedarnos para seguir creando. Pero casi siempre gana el otro tiempo, el que piden las pantallas. Tiempo donde pagar el peaje de uso de tanto juguete social tecnológico, allí donde nos dejamos hacer, donde nos piensan, derivando por el parque de atracciones de las aplicaciones y las redes.

Curiosamente, esta época en la que crece la sensación de falta de tiempo ante las demandas de trabajos precarios y vidas conectadas es una época en la que cada vez se cobra menos. Ahora que todo se traduce numéricamente, los números también se han posicionado como el nuevo pago (no pecuniario); números no canjeables por comida y casa, pero sí por visibilidad y autoestima. Como si la posibilidad (también el deseo) de «crecer más» fuera un motor que nos mantiene alerta y motivados. Y esto ocurre al tiempo que crece la insatisfacción, porque la lógica exponencial de la red siempre pide «más». Así, la presión que muchos entusiastas sienten se vuelve necesidad por estar y formar parte de la maquinaria. Pero también la maquinaria online alimenta ese vínculo necesario como forma de insertar a las personas en el sistema, contabilizarlas para hacerlas operativas. Hacerlas operativas para poder pronosticarlas (solas y en conjunto).

Sin embargo, pasa ahora que también el fracaso es objetivable y puede materializarse en secuencias de números que menguan o, casi siempre, se estancan (visitas, seguidores...). Y, como respuesta a la repercusión de frenar y «hacer más lentamente», para los entusiastas la tentación deriva entre la desubjetivación y el entusiasmo fingido, corriendo el riesgo de diluir al mínimo su poder político y estético (transformador), ese impulso íntimo que lleva a admirar (profundizando) y a crear (profundizando) sin la presión mercadotécnica que ahora se sobrepone a cualquier obra.

Porque si también nosotros somos ante todo cuantificables y reducibles como parte de los grandes números y sus predicciones, ¿cómo resistirse a ser cosa o silla?, ¿resignarse por agotamiento o complejidad? Quizá la inercia contemporánea propicie esta deriva, pero la creación que logra libertad en su ejercicio no debiera temer recuperar su poder, incluso cuando esto supone ralentizarse, empequeñecerse o invisibilizarse «a voluntad».

No me refiero a un ejercicio de radical desconexión, sino a un posicionamiento libre desde una revitalizada *agencia* que nos permita *usar* frente a un *ser usados,* socializarnos sin desubjetivarnos en una lista de números o en la adherente masa online. Hacerlo frente a las fuerzas que atraviesan silenciosamente nuestras rutinas y hábitos en la vida cotidiana online, apropiándose no solo de nuestros tiempos, sino apagando lo que nos moviliza creativamente. Porque el entusiasmo en su potencia de arrastre y fuerza creadora siempre nos hizo y nos hace tan frágiles como poderosos. Y me parece que dicha oscilación se apoya en la posibilidad de tener o no control subjetivo, control sobre la capacidad creadora.

> Pondré macetas en los agujeros del fracaso y lo habitaré por fin libre, liberada de expectativa.
> LAURA BEY,
> *Mi vida en la primera IP*

Pienso en Sibila, que bordea cada despertar la sensación de fracaso. Lo siente sin llegar a sucumbir al abandono que supondría negarse a estar, negarse a ser. Pero en su dolorosa conciencia reconoce en esos estados un mayor grado de libertad. Tal vez porque pensamos que se fracasa cuando prevalece el no, cuando nos dicen «no», que tú no puedes, que no has sido admitido, que no lo has logrado, que «casi» pero «no ahora», que vuelvas a intentarlo.

Cosa distinta es decirlo uno mismo, allí donde todo anima a aceptar, a sumar, a hacer sin descanso y a ser posible, con entusiasmo. Si entonces alguien se dice a sí mismo «no», que no puede, que no quiere, me parece que la cosa cambia. Porque este aparente fracaso frente al mundo podría ser una oportunidad de triunfo íntimo, al reconocer que necesitamos abandonarnos al tiempo vacío, al aburrimiento que nos permite salir del flujo del malestar y pasar de la queja a la conciencia, de la deriva a la concentración. No es simple.

Este posicionamiento no parece compatible con una vida sin dinero, sin trabajo remunerado. Pero sucumbir a la idea de que solo los ricos pueden ser realmente libres para crear es algo a lo que cabe resistirse.

Me detengo a observar cómo un rico dice a Sibila: «Yo tengo dinero, pero tú tienes "conflicto". Con el conflicto puedes crear.» Y Sibila piensa que de nada le sirve su conflicto si sigue cargando su espalda educada en el miedo. El miedo del pobre.

Porque la pobreza no solo ata una cuerda a la mochila de algunas personas, sino que las carga con piedras de miedo que animan a sucumbir a cada rato. Creo que la superación de dificultades y las negativas, para quienes se sienten subordinados por un sistema, son vividas como un plus de osadía y de carácter que se ensalza por ser algo atípico y extraordinario. Como si las negativas que derivan del posicionamiento y la coherencia creativos solo fueran posibles desde la libertad de quien es «rico» o es «valiente». ¿Dónde quedan los pobres temerosos o pusilánimes como Sibila? Creo que esta osadía es algo construido, parte de un carácter alimentado especialmente en los roles masculinos de comportamiento, aquellos que han podido primar empleo frente a trabajo, vocación frente a responsabilidad, vida pública frente a vida privada.

Si Sibila fuera libre no tendría que ser «valiente» y diría que no sin mirar atrás. Pero si fuera valiente quizá tendría un respaldo alimentado familiar y socialmente y construido en años de autoconfianza o en dinero para vivir, y podría permitirse el lujo de ser más decidida en sus cosas, incluso de renunciar a muchas de sus cosas. Podría permitirse el sueño de desaparecer sin miedo y de hacer sin concesiones. Pero los pobres que han leído no siempre pueden fingir que no acumulan rencor. Las mujeres que han leído no siempre pueden fingir que enfrentarse a la expectativa familiar no les importa. Quien más quien menos lleva su particular escalada larga y con frío frente a los caminos más lisos, a menudo más cortos, de tantos que se arropan en su mayor libertad o en sus linajes y, casi sin hacer, solo con ser, ya se les espera.

De otro lado, «decir no» tiene consecuencias, piensa Sibila. La primera, el malestar de aquel a quien se rechaza y la ruptura de un lazo posible para una red de apoyo futura. Esas ya consolidadas entre los hombres pero aún por hacer para las mujeres en muchos sectores. Pienso por ejemplo en la cultura (educada) de genialidad tecnológica del *geek* solitario, donde existe toda una tradición de colectividad de ferias, reuniones y grupos de amigos capaces de crear redes de solidaridad entre los hombres. Infraestructuras que en el caso de las mujeres no tienen tradición, hay que construirlas. Justamente a esta ausencia apuntaba la crítica ciberfeminista a «la red de viejos amigos» (Old Boys Network) cuya expresión solo existe en masculino y que fue apropiada por la primera red activista movilizada por Cornelia Sollfrank y otras mujeres en 1997, desde el *Hybrid WorkSpace* en la Documenta de Kassel. Entonces OBN se concibió como plataforma para lanzar la I Alianza Internacional Ciberfeminista, desde este gesto paródico que apuntaba a una de las muchas ausencias simbólicas en las formas de nombrarnos y de crear vínculos.

La segunda consecuencia de ese «decir no» sería la pérdida de visibilidad en un contexto donde, antropológicamente, nombre y prestigio se apoyan en ella. Una visibilidad dinámica y exigente, actualizada constantemente, valiosa para quienes viven en la inestabilidad de «necesitar ser vistos». Pero una visibilidad donde el escaparate ahora es inabarcable, alejado de los grupos acotados y reducidos de producción creativa de hace unas décadas, cuando los artistas y los escritores podían «contarse» porque eran muy inferiores en número a la audiencia posible.

Este contexto es anticipadamente un fracaso para toda visibilidad con pretensiones, pero es un escenario groseramente inspirador para un mundo creativo, donde la mayoría puede mostrar lo que hace. Parece que entonces es la no contextualización de la expectativa lo que frustra y duele, el engaño de una visibilidad como la de antes en un mundo como el de ahora.

Hoy se comercializa la visibilidad con todo tipo de empresas que alimentan esta pretensión y la rentabilizan. Lo hacen gestionando currículum y méritos para extraer indicios de calidad; ficcionando vidas, creando espejismo de influencia allí donde todo enfatiza «la apariencia». Y claro, se corre el riesgo y se asume que podemos dar por valiosa una obra sin conocerla, meramente por estar en un lugar determinado (un museo, una editorial, una revista...). Cada vez más la mirada delega en el reducto de una portada, despojando obras y autores del contexto de inmersión estética, crítica o política. Como si anulando, anticipando y creando la respuesta de quienes acceden a una obra, el éxito pudiera fabricarse con antelación por el mercado y el fracaso fuera el lugar de la acumulación entusiasta.

3. DEFINIRSE POR EL TRABAJO

Golondrinas, creo. Pasaban de la mano de los insectos por la ventana. En ellas volaba Sibila unos segundos, entre llamada y llamada, preguntando por vacantes y convocatorias, respondiendo a la pregunta «¿Quién eres?».

Tras varias llamadas Sibila se quedó paralizada pensando en los trabajos que hacía y que, de ser uno, le habrían proporcionado una respuesta clara a esa pregunta, un nombre con el que presentarse, una línea descriptiva en un perfil, una palabra tranquilizadora y concluyente para seguir su camino: soy artista, cuidadora, evaluadora, teleoperadora, profesora, escritora, camarera, lectora... Hay momentos en los que Sibila teme que le resulte indistinguible lo abstracto de ese ser polifónico y la excitación brutal de una vida imparable en tareas.

Inevitablemente, Sibila se bloquea y se amontona. No puede evitar relacionar la pregunta ¿quién eres? con aquella vieja pregunta que utilizaban en el pueblo para identificarla. «Eh, tú, niña, ¿de quién eres?» Se pregunta Sibila en qué momento la identidad marcada por la pertenencia a una familia se había transformado con el cambio de lugar (del pueblo a la ciudad) y con el cambio de tiempo (edad y época) en una identidad definida por el trabajo, incluso cuando este viene dado por un plural borroso de actividades, como si el trabajo fuera «la vida».

A menudo la diversidad de cosas a las que se dedica Sibila la hace olvidar si acaso su ser existe más allá de lo que hace, de lo indefinido de su dedicación difuminada en mil prácticas. Duda Sibila si así como su profesión está diluida en una pluralidad de tareas poco o nada remuneradas, le estará pasando lo mismo con su nombre, con frecuencia confundido con otros.

De hecho, dado que Sibila no participa en los órganos de decisión de sus trabajos, que no tiene derecho a voto en las instituciones donde colabora, y que su opinión no es tenida en cuenta en los consejos y reuniones de departamento, a los que solo asiste como invitada, los jefes que supervisan su trabajo suelen confundirla constantemente. Más allá del sonrojo momentáneo que este aparente (pero reiterado) despiste le provoca, a Sibila le asusta estar siendo «borrada» en la constante repetición de este gesto. Teme correr el riesgo de desaparecer un día. Porque este desdibujamiento también se evidencia en los mensajes que recibe, tan falsamente cordiales como descuidados en sus equívocos al nombrarla.

Querida María: Nos encanta su trabajo, rogamos acepte esta invitación para enviar una comunicación. Un saludo, amiga.

Querida Ana: Nos encanta su trabajo, rogamos acepte esta invitación para enviar una comunicación pagando 100 dólares. Un saludo, amiga.

Querida Silvia: Nos encanta su trabajo, rogamos acepte esta invitación para enviar una comunicación. Si es seleccionada podrá participar en nuestro congreso pagando 100 dólares. Un saludo, amiga.

Los remitentes son hábiles para hablar de una cuando hablan de un genérico, y son torpes para valorar lo que ni siquiera conocen. Cierto que no tienen tiempo, que todo va rápido, que si acaso la conocen lo hacen mínimamente, por algún catálogo o alguna búsqueda en Google. Lo más probable es que ni hayan visto su obra. Sin embargo, hay veces que Sibila finge no haber leído los nombres equivocados de estos mensajes, ni el propósito interesado en trabajar en algo por lo que «debe pagar», y se entrena en el autoengaño de que el mensaje es otro. Imagina que sí conocen su trabajo, que algo les ha gustado o interesado sinceramente. Quizá les parezca poca cosa, pero durante horas pensar en los mensajes idealizados que (ella piensa que) recibe, funciona como amarre a esa otra vida que Sibila esperaba y que se aplaza o anula inevitablemente.

Con el paso del tiempo y la frecuencia de estas peticiones cargadas de errores, a Sibila le va costando más fingir. Probablemente envejecer tiene que ver con esta imposibilidad. Si antes dedicaba tiempo a contestar de manera personalizada empleando palabras que fueran de la mano, sin desentonar con expresiones como mínimo en tres idiomas y adjuntando currículum e informes avalados por agencias de calidad, ahora emplea palabras como: cansancio, cuerpo, ojos, dedos, suciedad, comida, enfermedad, padres, pastillas.

La pasión creadora, lo sentido que moviliza, el reconocimiento que compensa, la vanidad, descubrir su nombre en una lista de admitidos sirve a Sibila durante un tiempo muy breve, cada vez más breve. Pocas veces amplía la mirada al contexto y se pregunta qué hace concursando constantemente para estos mínimos momentos de logro que se evaporan sin huella, sin sueldo, sin mayor resto que una línea que engrosará el cajón de sastre biográfico «otros méritos» junto a cosas como «conocimientos informáticos» o «finalista en 20 convocatorias». Y que poco se diferencian de «he visto un ovni», «me gustan las cerezas» o «a veces me despierto a mitad de la noche».

Pagar por trabajar

> Qué suerte tengo. Poder dedicarme a lo que me gusta.
>
> SIBILA

Al entusiasta le acompaña siempre una bienvenida a lo nuevo. La ilusión por ser elegida, por lograr «algo» que cumpla el espejismo de «mérito decisivo» en una próxima evaluación, hace tiempo superó el límite por el que Sibila «ha pagado por trabajar». Camufladas como prácticas o formación, los entusiastas como Sibila cubren tareas básicas de ayuda y gestión estructural que nadie quiere hacer, y bajo la excusa de estar muy demandadas justifican un pago simbólico o un perverso «cobro» por trabajar, apoyándose en la más burda forma de especulación y explotación de que «muchos querrían esta oportunidad».

Si en los ochenta el deporte fue utilizado desde la política para ofrecer alternativas a los jóvenes tentados por las drogas, pareciera que hoy es la precariedad de los entusiastas la que los neutraliza, evitando una desbandada de jóvenes incontrolados sin nada que perder, mientras sirven y dan de comer a un sistema de mercado orientado a la mínima inversión y máxima rentabilidad de unos pocos.

Para Sibila los más habituales son trabajos no remunerados presentados como méritos necesarios en la carrera de fondo de su encaje vocacional y profesional. Un ejemplo sería la evaluación de proyectos y publicaciones para revistas. En sintonía con un impulso cada vez más mercadotécnico, las peticiones pueden incluso llegar en forma de felicitación: «Enhorabuena, ha sido seleccionada para evaluar un artículo.» Como respuesta, la entusiasta Sibila personaliza sus mensajes por si acaso la apariencia de máquina escondiera a un humano detrás y agradece con amabilidad el reconocimiento. En los últimos años ha dedicado numerosas horas a evaluar gratis para que el sistema ruede y ruede.

Ya no le sorprende que, hechas las evaluaciones, vuelva a recibir mensajes que le solicitan evaluar el formato o el sistema de evaluación que días u horas antes ha utilizado. Tardará poco, le dicen, apenas unos minutos. Los mismos minutos que advierten en el siguiente mensaje, y en el que sigue, quizá los evaluados que la evalúan a ella. Como una cadena de irracionalidad desbocada, solo entendible como rito religioso, como *performance* que quisiera visibilizar y aniquilar simbólicamente el proceso, o como inercia desbocada de un sistema fallido.

Una vida evaluadora y evaluada que encaja llamativamente en la cotidianidad de servicios precarizados y en sus correspondientes sistemas de calidad y atención al cliente. Cotidianidad repleta de teleoperadoras que atienden nuestras quejas y trabajadores que sirven nuestras mesas, hacen informes y siempre son evaluados. Una masa hipervisibilizada y expuesta tras la que se esconde una estructura de poder invisibilizada y supervisora, sin estar claramente supervisada.

Trabajadores con cuerpo

Una trabajadora siempre tiene cuerpo. Su cuerpo le precede y me pregunto qué pasaría si al contratar a un hombre se le advirtiera de este asunto y sus consecuencias. «Oiga, usted tiene cuerpo», «Cuidado, usted puede ser padre». ¿Qué pasaría si serlo se utilizara como razón camuflada de excusas para no renovar un contrato o cargar de sospechas una trayectoria profesional, pendiente de un hilo por si el hombre contratado y con cuerpo decidiera «ser padre»? ¿Pensarán tal vez que siempre habrá otro entusiasta dispuesto a ocupar su puesto? ¿O quizá que el padre podría encadenar trabajos temporales y a media jornada hasta que cuidar de los hijos fuera mejor opción que contratar a alguien para cuidarlos por el mismo pequeño sueldo que él gana? Porque ¿eso es lo que se espera de un padre?

Nadie interroga a un hombre sobre su deseo de ser padre. Sin embargo, si Sibila se quedara embarazada, muchas personas justificarían su dedicación a la criatura, animándola a que progresivamente se distanciara del trabajo, a que lo hiciera parcial, y que ella fuera económicamente más dependiente de una posible pareja, o de cuidadoras de la familia, hasta que quizá abandonara de una vez por todas. Si Sibila abortara, la presión existiría igualmente, porque en este lugar y en este tiempo las mujeres siguen teniendo que justificarse constantemente a propósito de sus cuerpos, reivindicando cada día logros que imaginaban básicos. Cruelmente, pareciera que quienes mandan siguen creyendo y legislando como si los cuerpos de las mujeres y sus vidas les pertenecieran.

Tienen razón si piensan que se indigna. Porque a Sibila le molesta que los demás presupongan un deseo de maternidad en cada mujer, dando por hecho que de manera innegociable va en los cuerpos. No hay estrépito cuando se instrumentaliza tanto la posibilidad como la realidad de ser madre (si se opta por ello), dificultando mezquinamente la vida y, como parte de ella, la carrera laboral de las mujeres, haciéndolas responsables de su (posible y promovido) abandono profesional.

Sibila nunca quiso decir «angelito, chiquito, amorcito, corazón mío». Ni siquiera sentía la necesidad de verbalizar las razones que la movieron a abortar hace unos años, porque aún se avergüenza de su tribu por privarle de educación sexual y permitir que los psicólogos de la clínica la regañaran como a un niño pequeño, mientras su entonces pareja leía tranquilo en algún lugar de la sala de espera, y de que a la salida de la clínica un grupo de personas la insultaran mientras invocaban a dios, a algún dios. Sibila se avergüenza profundamente de ser humana cuando recuerda aquello y todavía tiene un sueño recurrente.

Sueña que convocaron a las mujeres a los templos y allí pintaron un cartel en sus barrigas. Decían los predicadores que si el resto de su cuerpo era de ellas, esa parte no, que les correspondía a los poderes del lugar gestionarlas. Como las mujeres se negaron, los del templo consultaron al comité de sabios, que confirmaron que efectivamente la barriga de las mujeres no era de las mujeres sino del Estado y al poco tiempo publicaron una ley donde lo escrito sentenciaba. Mujeres y hombres reunidos en el templo se rebelaron y decidieron dejar la piel pintada de sus barrigas en la puerta, cosiéndolas y rodeando el templo como si fuera una placenta de un cuerpo inmaduro. Y las mujeres escaparon a otros países donde nadie les cuestionara si sus cuerpos y sus vidas eran o no eran suyos. Pasó entre nebulosas, porque el tiempo de los sueños todo lo confunde y las historias se solapan. Ocurrió que la vida subordinó a quienes querían subordinar a las mujeres. Aficionados a decir verdades sin condón, a muchos de ellos les creció la barriga y empezaron a parir criaturas que se ensuciaban, reían, lloraban, crecían y demandaban constante atención. Los hombres que parieron tuvieron que contratar a hombres pobres para cuidar a sus crías o abandonar sus empleos o buscar tiempo extra para cuidarlas. Al principio se lo concedieron, pero cuando los ingresos bajaron y la productividad se resintió, terminaron echándoles y condenándolos a la precariedad de los trabajos no pagados. ¡Vaya, vaya!

El trabajo público

Se trata ahora de trabajar, opositar, vencer, conseguir un lugar en esa lista tantas veces contemplada. Tal vez una de las tareas más esforzadas que Sibila recuerda. No se avergüenza de sus intentos frustrados. No estudió lo bastante, quizá. Ellos eran mejores. Seguro. No estaría bien mirarse una misma con delicadeza criticando a los otros sin piedad o dudando de las garantías del proceso. Pero a estas alturas Sibila está más documentada y es más crítica.

Muchos entusiastas como ella miran a la administración pública y opositan. Los trabajos allí no suelen estar bien pagados, al menos aquellos a los que por su ambiguo perfil de formación en Humanidades Sibila puede optar. Pero el pago que aquí le importa es la estabilidad que le ayudaría a frenar esta vida de buscavida que lleva.

Puede que antes las razones fueran otras, pero ahora están embarradas. Antes el aprecio nacía de una ingenua pero colosal fascinación por lo público. Pero eso fue antes de que muchos servicios en el país pasaran a privatizarse y a llenarse de precarios como ella. Antes de todo eso, la educación pública fue determinante para su generación. Porque su libertad de pobre había sido posible gracias a la escuela pública. Sin ella sería pobre a secas, una pobre sin las preguntas de ahora.

Sibila ya no es exactamente una joven pero tampoco es una vieja. Sibila lleva a la espalda una colección de entrevistas y concursos que le permiten valorar la integridad de las contrataciones. Y sigue creyendo que un sistema donde el acceso al trabajo se sustenta en convocatorias públicas es más justo que aquel que favorece la arbitrariedad de apoyar a conocidos, familiares o amigos.

Eso cree Sibila y eso desea Sibila. Porque un concurso público implica que el dinero público se dedica a dar oportunidades (mejorables, sí, pero oportunidades abiertas) a una comunidad, a personas anónimas que pueden optar ante un tribunal a defender su candidatura y conocimientos para lograr un trabajo pagado por todos y que debiera repercutir en el bien de todos, en el mejor funcionamiento de una comunidad.

Sibila no conoció la época en que los anuncios de oposiciones se hacían en lugares concretos y tablones de anuncios, cuando se limitaba la visibilidad del empleo público al conocido del departamento o al que pasara por la zona donde se ubicaba el tablón. Pero aunque no lo viviera, Sibila valora la disponibilidad diaria de noticias online sobre el tema. Tanto que su primera lectura de la mañana suele ser el Boletín Oficial del Estado, sección «Oposiciones y Concursos».

Reconoce Sibila que no se trata de un texto hermoso ni especialmente inspirador, al contrario, suele ser irritante y pesado, pero podría incluso recomendarlo. Pocos textos esconden tanta esperanza como aquellos que abren posibilidades de cambio de vida.

Claro que su acceso no debiera llamarse ni siquiera lectura, pues a fuerza de verlo durante años y días Sibila ha convertido esa rutina en una práctica más visual que textual; una identificación de estructura y palabras clave a golpe de vista, capaz de activar, de hacer necesaria, una segunda lectura más pausada.

En los recientes años de crisis, paralelamente a la destrucción de empleo público, lo que Sibila encontraba en su búsqueda cotidiana en ese boletín ha sido un llamativo aumento de convocatorias de puestos de «libre designación». Convocatorias donde los recursos, en lugar de gestionarse por oposición pública, se gestionan según el criterio de quienes mandan. Esto supone que en la convocatoria, aunque se haga pública, el candidato suele estar ya propuesto, ya sugerido.

Piensa Sibila que no es de recibo que alguien con poder convierta su dedo en «mágico» para otorgar trabajo pagado con dinero público. Y que los «designadores» tienen algo de «digital», no porque las redes tengan que ver, sino porque se trata del poder de los «dedos de algunos». Dedos que Sibila visualiza en todo tipo de posturas y gestos irreverentes, incluido el de escribir para denunciar no lo ilegal, que seguro que está del todo amparado por la ley, sino lo que ella percibe como algo inmoral, indebido, arropado por el nepotismo y la endogamia de sistemas muy mejorables.

Con pacífico deseo de justicia, agrio por los años de búsqueda sin logro, Sibila desea una tormenta de truenos contra la «cultura del dedo» que en lo público nombra al pariente o al amigo, explícita o engañosamente, con libre designación o convocando concursos donde aquellos a los que llaman «candidatos de la casa» redactan los perfiles y bases a su favor.

En ocasiones Sibila envía su currículum a estas convocatorias de «libre designación». Lo hace sin esperanza de lograr en ellos trabajo alguno, pero piensa que si quienes mandan en las cosas públicas ven que les «están viendo», tal vez se avergüencen y titubeen en sus modos de hacer. Hasta la fecha Sibila no ha conseguido nada, solo una respuesta por email donde le reclamaban una copia de su DNI. La gestión de dicha respuesta corría a cargo de una aplicación informática o quizá de una trabajadora de perfil similar al de Sibila.

Los entusiastas lo intentan y los entusiastas reclaman. En estos tiempos, ver y hacer siempre es mejor que ignorar o suponer. Más allá de las rutinas que da la edad, hay en este gesto un intento de no resignación, de «no normalizar» que lo habitual en los últimos años sea sumar a la privatización la desaparición de empleo público, coronada por el mantra «libre designación» que protagoniza la oferta de trabajo en la administración.

Quizá algún día Sibila reciba una carta por correo postal invitándola amablemente a alguno de los ministerios a los que escribe, y allí amabilísimos asesores de políticos nombrados por libre designación le expliquen la conveniencia de seguir dando empleo público de esta manera. Quizá argumenten que es bueno para «agilizar la vida del país» o la vida de los familiares y amigos, que casualmente son los mejores y el país les merece. En esa escena Sibila promete ser tan encantadora como su entusiasmo curtido por los años le permita y poner su mejor sonrisa mientras hace gestos con las manos desde la puerta, y les amenaza dulcemente con seguir presentándose a todas las convocatorias de libre designación que publiquen, hasta que algún periodista la llame para celebrar su récord. Entonces ella podrá desvelar los números y los hará circular por las redes. Y con un ridículo gesto adolescente de sus manos, como peineta sobrepuesta a su envejecida sonrisa entusiasta sobre el recinto ministerial, pensará en cómo su impertinencia queda muy muy rebajada frente a la desfachatez de quienes abusan de su poder sobre lo público.

III. Objetivar como única forma «aceptable» de valorar

Citado por		VER TODO
	Total	Desde 2012
Citas	796063	360508
Índice h	243	182
Índice i10	1455	985

1. LA CULTURA INDEXADA Y EL DECLIVE DE LA ACADEMIA

> [...] si tradiciones o rutinas escolares no nos impidieran ver lo que es, y en lugar de agrupar los tipos de espíritu por sus modos de expresión lo hicieran atendiendo a lo que cada uno tiene que decir, entonces una Historia Única de las Cosas del Espíritu sustituiría a las historias de la Filosofía, el Arte, la Literatura y las Ciencias.
>
> PAUL VALÉRY,
> *Piezas sobre arte*

La sala resplandecía. La luz salía de todas partes, incluso de las personas que allí se congregaban bajo el cartel «Congreso Internacional». Eran luces eléctricas que les conferían un aire robótico a los asistentes. Era tanta la luz que apenas se divisaban siluetas ni rasgos, sombras o irregularidades. Vestidos de lo mismo presentaban sus *papers* en mesas especializadas midiendo sus palabras entre tablas y estadísticas, y a ellos mismos arropados por sus competitivos índices de impacto. Todo con la impasividad de quien ha sido despojado de alma o está entrenado en contener la rabia. Al otro lado de la pared, un mundo de claroscuro dibujaba una multitud de solos. Cada individuo iluminaba su cara con una pantalla y se fotografiaba o emitía en *streaming* con entusiasmo, vanidad y emoción. Había manchas en sus ropas, restos de comida entre los cables. En conjunto, la palabrería amontonada sobre millones de «uno mismo» y cosas a compartir que les interesaban sonaba excesiva, como un ruido pegajoso y en algo inhumano. La frontera entre una y otra habitación no estaba clara y, de distintas maneras, ambos mundos se comunicaban configurando otros intermedios.

Entre las personas conectadas el conocimiento fluía libre, desbordante y resbaladizo para quien quisiera verlo, asirlo, apropiárselo o hacerlo circular. Mientras, la academia se presentaba su producción a sí misma. Habían dejado la puerta abierta. Desde fuera quienes miraban se quedaban atónitos viendo el tono mecánico de la producción hilada como una cadena: tesis, comunicaciones, congresos, publicaciones en revistas (repetir indefinidamente las tres últimas hasta que el hielo se endurezca). Todo formalmente impecable, diría que incluso convincente. No importaba la irrelevancia y repetición de esa hiperproductiva actividad. Lo esencial es que fuera cuantificable y alimentara los historiales competitivos de los entusiastas académicos y de sus grupos de investigación.

A lo largo de los últimos siglos hemos visto alternarse en las ciencias y el conocimiento énfasis que han primado enfoques diacrónicos frente a otros sincrónicos, enfoques materialistas frente a otros mentalistas, enfoques empíricos, teóricos, nomotéticos, ideográficos... La alternancia ha sido tan habitual como la dialéctica entre formas de saber que buscaban confrontarse y mejorar, profundizar caminos con la vista puesta en esa dialéctica como vía de superación —y a menudo de jerarquización de formas y saberes.

Pasa, sin embargo, que la infiltración del mercado en el saber y el viraje capitalista del conocimiento hace descansar su práctica en sistemas que buscan ante todo «objetivarse» (esa cualidad camuflada como imparcial). Sistemas que establecen como prioridad cuantificar las cosas y que, a riesgo de simplificarlas, precisan traducirlas a datos. Podrán así viajar más rápido y ordenarse más fácilmente, empujando fuera de su lógica aquellos aspectos del pensamiento más complejos, ambiguos, matizados e incluso contradictorios.

Pero rara vez los números por sí solos han aportado aristas a nuestro conocimiento o a nuestro gobierno de la posibilidad humana. De hecho, bajo esta premisa, cabría pensar cómo las transformaciones de la academia en un marco neoliberal se están haciendo a costa de diluir las posibilidades de afectación crítica del arte y el pensamiento reflexivo más lento, grandes víctimas de este viraje. A costa de precarizar a muchos de sus investigadores apagados en dinámicas de temporalidad y burocracia en beneficio de una productividad cedida a los rankings. A costa de compartimentar y encajar saberes para ajustarlos a la primacía cuantitativa y a sus nuevas bases de datos, pero manteniendo los viejos dominios de saber y ordenamiento –ese viejo coto de poder.

Una lógica exponencial y performativa que se alimenta de índices de impacto y que se afana por crear valor y cultura académica con ellos. No importa si en el tránsito debe despojar a las obras creativas de los grados de dificultad y sombra que todo «conocimiento libre» precisa para interactuar, para hacerlo en una cultura del «saber» radicalmente distinta después de Internet.

No obstante, confesaré, a modo de posición que les valga como anclaje para situar la parcialidad y libertad de estas ideas, que siempre miré a la academia con recelo, que me faltaron referentes, que la habité con incomodidad y desubicación, escuchando con frecuencia: «Lo que usted hace no corresponde a esta área», «tampoco a esta», «ese conocimiento del que usted habla está fuera de lugar en este departamento», «su petición queda excluida porque no existe casilla para lo que propone», «cíñase al temario». Así ha pasado en este país con la investigación, por ejemplo, sobre «Estudios Culturales» y «Estudios de Género», o con la reflexión de aquellos que quieren indagar en la «época presente» desde un prisma integrador y holístico, y no desde una especialización limitada a visiones instrumentales, modos de expresión y repartos del mundo (más o menos arbitrarios pero reforzados en la tradición).

Muchos habitamos la academia buscando dar sentido a la necesaria «infiltración de diferencia» y contemporaneidad, allí donde se siente que el corsé disciplinar oprime y coarta el conocimiento, que su poder se agarra a la silla que ocupa favoreciendo la endogamia y la pobreza intelectual. No ayuda detectar lugares de privilegio donde todos se parecen demasiado y difícilmente advierten que eso importa. Coincido con las palabras de Adrienne Rich al afirmar que *objetividad* es el nombre que han dado muchos hombres a «su propia subjetividad».[1] Y justamente esta equivalencia está aún latente, a mi modo de ver, en la homogeneidad de quienes a comienzos del siglo XXI siguen ostentando el poder académico.

Sin embargo, antes que los perfiles de los agentes o, cuando menos, a su lado, están los saberes y sus organizaciones, las formas en que los saberes se han repartido y materializado. Un reparto normalizado hecho de tradiciones no exentas de conservador proteccionismo y autolegitimación. Porque aquí ha importado mantener un determinado reparto del poder, una jerarquía capaz de controlar los mecanismos creadores de valor y sentido.

Ahora los criterios (también culturales, también intelectuales) vienen además del mercado, pero mantenemos parecidos linajes y familias en las cosas del conocimiento. El reparto se presenta si cabe como algo más necesario, tematizado e hiperestructurado; porque se busca que los saberes sean fácilmente operacionalizados como marcan los tiempos, ordenados, evaluados y posicionados numéricamente como requi-

---

1. «objectivity is the term that men have given to their own subjectivity», A. Rich, *What Is Found There: Notebooks on Poetry and Politics*, Norton, Nueva York, 1993, p. 59.

sito primero que les permita ser inscritos en bases de datos y ser accesibles en las redes; sin advertir las pérdidas y posibles concesiones que el saber experimenta en dicho tránsito.

Creo con convicción que las ambiciones de rigor predictivo y científico no pueden colonizar la diversidad del conocimiento, ni tampoco prescindir de la imaginación, el titubeo, la crítica y la experimentación (también política y transformadora), que el conocimiento no puede penalizar la creatividad ni sostenerse solamente o de manera prioritaria bajo estas dinámicas acomplejadas en lo cuantificable.

No está claro en qué momento cercano la academia sucumbió al mercado y ofreció la cultura en trozos aptos para la circulación rápida y posicionable; exigentes con la forma y el peso –homogeneizados–, pero descuidando –y a veces denostando– riesgo creativo, subjetividad y sentido. Cegada por el espejismo de exactitud y de predecibilidad estadística y matemática, la academia parece haber sucumbido a una inquisitoria racionalidad apoyada en tres pilares: precariedad, burocracia y objetivación numérica.

> Siempre que es posible, la palabra y la gramática [...] se sustituyen por el cuadro estadístico, la curva o el gráfico.
>
> GEORGE STEINER

Como carnicero que despieza, pesa, despoja de huesos y empaqueta al vacío, ateniéndose a férreos controles de acreditación «sanitaria», se busca que la sangre o la suciedad subjetivas no puedan mancharnos las manos, ni las astillas erosionar las piedras del espíritu. La cultura académica se hizo, se está haciendo, cultura envasada, avalada por comités que aparentan ser con solo «estar», por evaluadores tan precarios como quienes escriben los artículos que ellos evalúan. Una cultura movida por bases de datos que la traducen a números sin apreciar si hablan, sufren, debaten o parafrasean.

La apariencia es el mensaje, la internacionalización el incentivo, la indexación el motor. Creo que este sería el epítome de un riesgo cercano, una cultura académica delirante y enferma, cedida al mercado. Y me parece que algunas de las razones que hacen temer este trance serían:

1. Sistema de expertos escenificado.
2. Sustento en la precariedad.
3. Mercantilización del conocimiento.
4. Burocratización.
5. Apariencia logocentrista frente a creatividad intelectual, como consecuencia: pérdida de libertad y domesticación de la escritura y el conocimiento.
6. Primacía de criterios derivados de las ciencias mejor posicionadas, utilizados como modelo de encaje para «otras formas de pensar y conocer» donde la subjetividad es clave. Estos criterios buscarán excluirla o penalizarla.

Puede que en algún momento cercano descubramos que el circuito de privatización en que se apoya este modelo mercantilista pone en riesgo lo más importante: la libertad de pensamiento. Pasar por alto que esta apropiación no vendrá exenta de desigualdad es como obviar que en el mundo la pobreza y la violencia no han alterado profundamente la cualidad de nuestra conciencia.

La responsabilidad de la investigación y la escritura, como la responsabilidad de la imaginación, no puede soslayar el rumbo actual de la producción académica, inspirada en un modelo que a menudo excluye el trabajo creativo y reflexivo propio de las artes y la filosofía. Como si la forma de hacer de algunas áreas se hubiera impuesto a la totalidad del conocimiento, sin advertir que los saberes no pueden estar docilizados bajo patrones uniformes que filtren, dejando fuera al sujeto que escribe y a la época que habla.

En estos tiempos los investigadores que tienen la tentación de no participar en congresos internacionales previo pago, o no escribir en revistas académicas y sí en libros, asumen el riesgo de que la burocracia evaluadora universitaria los excluya (rezaría el epígrafe: «bajo nivel de indexado»). La exclusión derivaría de que últimamente el valor de lo escrito en este contexto parece haberse delegado exclusivamente al «lugar» que ocupan determinadas revistas en una lista y al número de estas en un currículum.

Conscientes de habitar un sistema que se autoproclama objetivable –pero que se advierte fácilmente hackeable–, nótese la perversión de primar «dónde se publica» antes de «qué se publica». Bajo la impostura neoliberal de la apariencia, conseguir o «tener» determinados números se posiciona sobre «ser» o «hacer» libre y honestamente una investigación, un trabajo reflexivo, una obra creativa. Los números lo resumen todo y lo facilitan todo, convirtiendo los pozos de pensamiento en charcos donde apenas mojar los dedos y seguir.

No pocas revistas ya consolidadas han mutado hacia un encorsetamiento formal a menudo incompatible con el ejercicio libre y pensativo de la escritura, participando del negocio internacional de los listados jerarquizados, movilizados por la búsqueda de méritos de una masa precarizada como Sibila. Porque en la mayoría de las revistas académicas hoy los textos se presentan despojados de posicionamiento subjetivo, sumisos al logocentrismo institucional y subordinados a unas estrictas normas formales no exentas de ideología, uniformados, como niños (antiguos) que fingen obediencia en un aula.

Recientemente, el comité editor de B (indexada en 1, 2, 3 y 4) escribió a Sibila para invitarla a presentar un texto sobre una temática B en Z. A las semanas de entregar el texto Sibila recibe mensajes de los revisores anónimos. Le dicen o ella recuerda:

> *Se recomienda citar a la propia revista. Por ejemplo a J y a M, que escribieron sobre ese tema. Citarlos nos beneficiará a todos, especialmente al posicionamiento de esta revista y a su impacto (Boom). Debe cambiar su estilo, esto es una revista académica y nos debemos a una forma científica. No nos importa tanto lo que usted diga en el texto, pero sí que se ciña a las normas de estilo. Si publicamos su texto esperamos que nos ayude a que otras personas citen esta revista. Le rogamos que la ponga en primer lugar en las 10 encuestas anuales que reciba sobre publicaciones en su área. No olvide que es importante para usted publicar aquí, olvídese de libros y de otras plataformas. Recuerde que en el futuro la academia «solo (se) leerá y publicará en estas revistas».*

Tras un temblor donde imagina ese posible futuro, Sibila recuerda que debe ser evaluada por la correspondiente agencia para así poder optar a un concurso futuro de una plaza temporal. Plaza que le permitiría retomar más libremente su creación. Le dicen o ella recuerda:

> *Su trabajo es poco productivo y no genera citas, esmérese, Sibila, esmérese. Si su trabajo no nos ayuda a subir puestos en el ranking, no tendremos la inversión que necesitamos, sin la inversión no habrá contrataciones, sin contrataciones usted no podrá concursar ni competir por alguna beca o trabajo a tiempo parcial.*

Cuando entra en crisis, Sibila recuerda a esos artistas conceptuales que construyen sus textos desglosándolos y contabilizándolos: 4.524 palabras escritas en Times New Roman, cuerpo de letra 12. Cuarenta horas empleadas en escribir este artículo. Número de adjetivos: 943; número de sustantivos: 1.898; número de verbos: 763.

2. UN HOMBRE FOTOCOPIADO

El hombre fotocopiado es un grandísimo entusiasta. El hombre fotocopiado entra en el edificio y se mimetiza con la institución que le acoge. El hombre fotocopiado dejó su inconformidad en algún cajón de la mesita de noche y se niega a buscar la llave. No está claro si en algún momento de su vida anterior decidió convertirse en esa cosa eficaz y robótica que es hoy o si una vez dentro de la institución los engranajes máquina-persona encajaron empujándolo a la indolencia de su vida actual.

El hombre fotocopiado es capaz de justificar de acuerdo con las bases el logro de los objetivos, de invitar a todos a café, de responder a las expectativas, de publicar artículos en revistas indexadas, de agradar a todos, de habitar como el aire por los pasillos, de aumentar su productividad según los criterios de la agencia de evaluación, de lograr estar en todas las listas de admitidos, de comprar a buen precio muslos y sobremuslos de impacto, de conocer la fórmula para elaborar informes administrativos sin quejarse.

El hombre fotocopiado tiene varias copias de sí mismo y nunca está en crisis. El hombre fotocopiado nunca se cansa. Cada mañana Sibila le ve en la sala de investigadores con su ropa impecable y su aspecto cuidado, sonriendo a todos y huyendo de cualquier pequeño conflicto con la habilidad de un animal escurridizo y sonriente. Sibila cree que cuando aún es de noche los repartidores de periódicos o los proveedores de agua dejan en el edificio un paquete con la nueva copia del hombre fotocopiado, que lo traen calentito, recién sacado de la máquina.

Hace tiempo que el hombre fotocopiado abandonó ética y principios por modernas camisetas y gafas que le hacen parecer lo que todos esperan de un asesor, de un investigador, de un académico, de un profesor, de un científico, de un *researcher* del siglo XXI.

El hombre fotocopiado tiene su currículum en inglés, alemán y francés y a punto está de lograrlo en chino. Ha desarrollado la habilidad de convertir el papel de periódico en mérito, de transmutar un viaje en un capítulo de su futura y ya esperada biografía, de autopublicar sus decenas de encuentros con otros como conferencias o seminarios ya teorizados por él mismo, de inventar una, dos, cuatro vidas. Sibila duda si el hombre fotocopiado tiene sangre o tinta en las venas, si come o se enchufa la batería. Sibila tiembla al mirarse al espejo por si en su reflejo aparece el hombre fotocopiado.

Cualquier día la aplicación de productividad se desregulará o será hackeado y comenzará a producir *papers* como las impresoras que se rompen y tragan papel y lo manchan y expulsan, incontenibles, como un vómito. Algo similar a lo que hace ahora pero más rápido, más evidente.

El hombre fotocopiado evalúa el trabajo de otros y es evaluado por otros, adaptándose camaleónicamente a lo que cada revista o institución espera de él. El hombre fotocopiado ha asegurado ser un biólogo molecular, un humanista de prestigio, un ingeniero reputado, un sociólogo, un hombre y una mujer.

El hombre fotocopiado dice haber sido alumno de Stephen Hawking, de Yoshinori Ohsumi, de Derrida, de Freud y de Leonardo, de Darwin. Está pensando sumar a su lista a alguna mujer, pero apenas lee a mujeres y planea revisar las más visibles en determinados medios. Cita en francés, en inglés y en alemán, y resulta imposible no creerle. El hombre fotocopiado se ha hecho jefe de exposiciones del museo de arte contemporáneo, donde contrata a activistas que rentabiliza en portadas y activismo de salón. Una vez que los agota, los apaga y los tira a la papelera.

El hombre fotocopiado siempre apoya a sus amigos diciendo que son los mejores, que es mera casualidad. Elabora las bases de su propio concurso y tacha a todos los que se presentan. Así prospera y en breve el hombre fotocopiado será el jefe de todo esto, y quizá entonces el edificio se convierta en una gigantesca impresora, de la que saldrán pequeños seres fotocopiados como él. Él, que no se reproduce ni resucita, él, que copia y copia mundo cambiando disfraces, sin disentir, sin cuestionar, sin rebelarse, sin imaginar, sin generar error o conflicto en la máquina que habita. Se quitará la corbata y pintará el edificio afirmando haber hecho mucho por la institución, que lucirá distinta siendo un igual «lo mismo».

3. LOS DATOS Y LA «POSVERDAD» EN HUIDA HACIA DELANTE

Cambiará la academia y cambiaré yo, pensé con esperanzada ingenuidad. Sin embargo, los cambios precisan transformaciones de los agentes que hacen la academia o de sus maneras de pensar. Y no es fácil cambiar para quienes ostentan el poder porque ya lo tienen. Lo vemos cotidianamente en las formas que adoptan y mantienen las más clásicas estructuras del poder. Los cambios institucionales son lentos y reflejan los desajustes entre el mundo y la organización de los saberes del mundo.

Creo, no obstante, que la deriva de la academia hacia el mercado y la comercialización del valor y el prestigio tienen también mucho que ver con la digitalización del mundo y con la conversión de las cosas en datos. La vida en las pantallas cambia las formas de construir verdad y valor desde los datos y desde la saturación que estos provocan.

Ocurre sin embargo que la pantalla en red no es solo uno de los más singulares artefactos de época, sino uno de los más fascinantes espacios de interacción de la verdad y la mentira. Es en la pantalla donde la veracidad de las cosas exige un mayor esfuerzo de creación simbólica colectiva y de «contextualización», un pacto de confianza entre quienes se comunican para creer, o no, aquello a lo que acceden.

Pareciera novedoso pero no lo es. De hecho, la coincidencia entre las cosas que creemos y la verdad no es algo habitual, como pudiéramos pensar. Nuestras historias y creencias evidencian que no hay vínculo necesario entre lo que creemos y la verdad.

Quien más quien menos podría relatar historias de conocidos (o incluso de ellos mismos) que, teniendo a su disposición todo tipo de datos, optan por creer lo que algunos les dicen. Todavía hoy no pocas personas que se enfrentan a duras enfermedades prefieren rezar antes que consultar una voz médica o científica cualificada. Cabría observar que, en el fondo, tanto el código que emplea el médico como el que emplea el religioso les parecen confusos, pero al menos uno «les reconforta».

Creo que esta situación guarda relación con otras donde las alternativas que explican nuestro mundo nos resultan igualmente incomprensibles o difusas. Ocurre entonces que muchas personas optan por lo emocional como un lenguaje más horizontal y asequible. De un lado, se evita así el esfuerzo que supone la verdad, de otro, se suaviza en algo la frustración y el desencanto para quien se siente perdido o se sabe falto de libertad.

Siempre el «querer creer» aleja o acomoda más liviana la dificultad de una «existencia verdaderamente asumida», incluso si somos conocedores de estas formas de autoengaño. Tendemos a pensar que cuando se sufre, la complejidad cargada de aristas crea más desasosiego que la sentencia (simplista pero reconfortante) y la mentira camuflada de cuento. Entonces, ¿podría haber formas de autoengaño liberadoras y formas opresivas que se valgan de esta situación para apagar a los sujetos? Creo que aquí se vislumbra una cuestión clave, no solo para la conciencia y para la verdad, sino para la justicia social, en los tiempos que corren.

Verdad es una de esas palabras que punzan, tanto por «confrontar sospechas» como por «generarlas» (evocando a la familia del dogma y el poder logocentrista, tan presente como objeto de crítica deconstructiva y feminista en la época reciente). La búsqueda de la verdad ha protagonizado las transformaciones más importantes de la historia occidental e, incluso observando someramente el transcurrir de los tiempos, advertiremos que los mayores logros de igualdad y libertad de la humanidad se han conseguido en aquellos momentos de búsqueda de la verdad a través de la razón y el pensamiento.

La ciencia, el conocimiento y especialmente la escuela han estado en ese lugar de búsqueda y curiosidad que nos ha permitido avanzar y saber sobre nosotros y sobre el mundo que habitamos, construirlo y mejorarlo de manera racional y colectiva, también cuestionando las parcialidades camufladas de verdad que tanta desigualdad han generado. Y todo ello respondería, al menos parcialmente, a por qué es importante la verdad.

El mundo de ahora hereda los viejos problemas derivados de clásicas formas de poder y del dolor de la conciencia, pero indudablemente dibuja un escenario de crisis y de cambio distinto. A mi modo de ver, serían los dos puntos de tensión que vienen atravesando este ensayo y que transversalizan prácticamente ya todas las parcelas humanas (Internet y las políticas neoliberales) los que determinan nuevas condiciones para la gestión de la verdad y para el surgimiento de formas características del tiempo que ya muchos llaman de *posverdad*.

Es el de ahora un mundo hipervisibilizado en las pantallas, mediado y entretenido en la imagen. Desde que todo se retransmite, nos hemos habituado a convivir con las injusticias no reparadas y con la falta de confianza en quienes concentran el poder. Las movilizaciones son frecuentes y casi instantáneas, pero la alianza suele durar lo que una mecha. Cansados de ver la desigualdad retransmitida y saturados de los mundos de vida accesibles en todas sus dimensiones (intimísimas y globales), a nadie extraña el agotamiento anticipado de los sujetos, que ante la dificultad de abarcarlo todo fluyen o se dejan fluir hacia *lo emocional,* buscando deleitarse con lo pequeño: esa foto, ese poema, ese mensaje privado, esa vida de *ahora*.

Los tiempos excedentarios y rápidos están ávidos de respuestas siempre que lleguen *ahora*. Aun sabiendo que lo afirmado hoy no vivirá más que unos días u horas antes de ser devorado por el fuego de lo último. Ciertamente resulta paradójico que, teniendo a nuestra disposición un universo de datos e información para contrarrestar y documentarnos, la verdad sea percibida como un inabarcable lodazal que termina sometiendo la vida a «la apariencia» y a la actualidad, donde una determinada «foto» se posiciona frente a una compleja realidad en un mundo ya permanentemente «enmarcado». Desde hace un tiempo la ansiedad derivó a la *posverdad* como respuesta.

Cuando la velocidad y el exceso repiten mundo

Pensar en la época actual es como pensar en un presente continuo, donde caducidad y precariedad definen las cosas y «el pensar» sale damnificado necesariamente. Ningún pensamiento resiste sin tiempo y sin pozo. No puede ser que las cosas se hayan reducido a su piel y que cualquier intento por comprender sea delegado en la máquina que cambiará pensamiento por listado, texto por titular, categorías propias por categorías válidas, pongamos «las más vistas» que suelen ser «las vistas por los demás». Hace tiempo que la imagen y el pantallazo se rebelaron frente a la reflexión pausada.

Considero que estas ideas guardan una profunda relación con la deriva hacia un mundo más dogmático y conservador, alejado de la utopía horizontal y democratizadora que muchas personas veíamos (en sus inicios) en Internet. La razón de este temor es clara: son los imaginarios conservadores los que más partido están sacando a la pareja *velocidad* y *exceso*. Ante la celeridad, la inercia solo tolera ideas preconcebidas, es decir, aquellas que «ya estaban en nosotros». Justamente las que precisan apoyarse en sensaciones y emociones *(gustar, sentir, disgustar, sentirse reconfortado en un grupo –ser de aquí, ser de allí, ser verde, ser blanco).*

De otro lado, el espejismo de elección en el exceso se genera como efecto de inmersión en la cantidad. Una inmersión que tendemos a pensar que es también en la «heterogeneidad», cuando esto no es cierto. Las redes en las que hoy nos movemos, aun siendo muy numerosas, tienden a estar formadas por personas que piensan «muy parecido». Nunca fue tan fácil «excluir» y borrar a aquella persona que disiente y con la que no estamos de acuerdo. En las redes, además, la cantidad de información y voces está filtrada por nuestro perfil y por la máquina, y el filtro dificulta (o incluso anula) el escrutinio. Frente a la saturación solo vemos aquello que está más accesible, normalmente las voces con más influencia o las redes de afines que habitamos.

Algo parecido sintonizaba y me comentaba una estudiante deseosa de realizar un trabajo etnográfico sobre redes sociales esperando encontrar diversidad y contraste como ella imaginaba en estos tiempos, y frustrada en los primeros días al descubrir que sus redes estaban profundamente sesgadas, que sus contactos y amigos eran muy parecidos a ella.

Si salimos de las redes y preguntamos a las herramientas online que hoy organizan el exceso desde la celeridad, la situación es cuando menos sugerente. De momento parece que «la verdad» no es lo que une los primeros registros ni los más vistos. Mientras que el criterio cuantitativo parece ser el que más eficazmente da respuesta al exceso, en lo que adquiere peso y visibilidad confluye un amplísimo abanico de posibilidades que congregan: lo emotivo, lo morboso, lo bello, lo esperpéntico, lo cómico, lo trágico... Poco importa que el valor cuantitativo pueda esconder razones tan diversas como: la visibilidad pagada, el gusto masivo cuando nadie nos mira, el exabrupto espontáneo, la indignación social, la revolución de la plaza, el vídeo más visto de unos deliciosos gatitos, el asesinato terrorista. Cada causa unida por el número más alto esconde razones tan heterogéneas que bien merecerían una parada, un detenerse a pensar, frente a la rapidez que suscitan.

Bajo una primera impresión, parece que la lógica capaz de gestionar este exceso de datos y descomunales números no puede ser sino *estadística*. Solo ella puede manejar y operar conjuntos numéricos de los que inferir resultados basados en probabilidades. Dicha razón no solo es descriptiva, sino que también es predictiva y diría, incluso, *performativa,* llegando hoy a contribuir en el «diseño de verdades» y, especialmente, a asentar formas de valor. La más evidente es la equivalencia entre «lo más visto, compartido, enlazado o difundido» y «lo más valioso», hermanando una revitalizada lógica del poder de las audiencias y el espectáculo con la estadística.

La ceguera del sujeto ante el exceso de datos encuentra en la estadística (que marca los grandes números como «puntos de luz») una paz tranquilizadora, de forma que el sujeto delega y confía. La ceguera es entonces transformada en una «visión guiada» por itinerarios de luz que permiten a las personas moverse entre el exceso, como tantas veces en la Historia ha pasado, iluminando zonas, ensombreciendo otras, y en todos los casos primando el *ver*. Me pregunto, sin embargo, qué pasa con la capacidad de atención, con el escrutinio personal ante la saturación de cosas, qué pasa si ante ese escenario cargado de elementos nos dejáramos llevar por otros criterios. Entre sonidos de pájaros viene a mi mente la escena de paisajes apretados de árboles, casi sin cielo, casi sin suelo, donde sus habitantes necesitan hablar, escuchar, oler y tocar para volver a ubicarse, ante la confusión que proviene de la saturación visual y la primacía de los ojos.

La cosa adquiere un cariz político añadido. Porque si gestionar el exceso requiere estadística y velocidad para hacerlo operativo, nadie puede dudar de que en ese trance se producen pérdidas y se refuerzan sesgos. Y es que la base de programación sobre la que esta dinámica se sostiene, se apoya en cuestionables asociaciones conceptuales donde es frecuente encontrar ideas preconcebidas y prejuicios[1] que asientan desigualdad, dificultando los cambios sociales. Como parte de la estructura de programación vemos que en la inteligencia artificial se naturalizan los algoritmos que relacionan, por ejemplo, a los hombres con la tecnología y a las mujeres con la cocina, contribuyendo a «repetir un mundo» y no a transformarlo.

Como en otros sistemas de gestión de conocimiento, en Internet la gestión algorítmica y estadística de grandes números facilita simplificar las cosas, mover el mundo, hacerlo operativo, pero nunca el logro cuantitativo en la red debiera exceder su significado (más allá de la congregación numérica). Si algo necesitamos es frenar la colonización extrema de las nuevas estrategias de valor como señuelo de un sistema precario construido en base a la velocidad y el exceso.

Perdida la confianza en los expertos, entretenida la academia en mirarse a sí misma y en cotejar sus números, de-

---

1. Un estudio de la Universidad de Virginia relata cómo los algoritmos en los que se basa la inteligencia artificial siguen apoyados en prejuicios, condicionando y a menudo reforzando los estereotipos. Jieyu Zhao, Tianlu Wang, Mark Yatskar, Vicente Ordonez, Kai-Wei Chang, *Men Also Like Shopping: Reducing Gender Bias Amplification using Corpus-level Constraints:* https://scirate.com/arxiv/1707.09457

nostados aquellos que (pensábamos) garantizaban contraste e imparcialidad, las voces espontáneas que dogmatizan y simplifican el mundo se impregnan de un nuevo valor de «apariencia de verdad» que engarza mejor con las emociones y el desencanto. Cuando la verdad no se experimenta y la vida viene mediada por pantallas, se construye a base de confiar en un contexto, pero también de reiterar una historia (sea verdad o mentira) y habitarla, hacerla compartida, atravesar con ella el marco de fantasía.

Ante la saturación y el exceso, todos pedimos ayuda extra, aceptando una delegación en la máquina. Pero cabe pensar que la gestión de los grandes números (academia y redes) es muy mejorable y está más que nunca necesitada de pensamiento más lento y creatividad. Mucho bien haría que la industria tecnológica mirara a los trabajadores creativos a los que el sistema menosprecia considerándolos aquellos que se dedican a lo «no productivo».

La interiorización de este nuevo poder que son las herramientas de gestión, búsqueda y visibilidad de datos se ha sustentado en su poder de visibilización de mundo e invisibilización de lente, pero si ese poder quiere contribuir a un escenario más responsable debiera dar entrada a la diferencia que suponen y aportarían estos trabajadores.

Toda repetición de mundo se apoya en la reiteración simbólica de las identidades heredadas (de sus símbolos). El esfuerzo de interiorización de todo proceso de educación (y herencia) identitaria tiene su recompensa en la rapidez con que opera, pudiendo reconfortar como un «estar en casa», allí donde todos los educados en lo mismo compartimos un código. Cierto que la agencia y la libertad (siempre que haya conciencia y tiempo reflexivo) nos permiten observarlas con distancia y posicionarnos, incluso identificar sus mecanismos de «construcción de verdad».

De hecho, mi impresión es que otras formas de resistencia a la opresión simbólica de la velocidad y el exceso son posibles. Formas sutiles pero poderosas que podrían venir representadas por la infiltración de espacios en blanco y tiempos de pensamiento que nos permitirían un ejercicio de agencia en el mundo online. Justamente lo que hoy cabe esperar de un trabajo intelectual y artístico que haga reflexivo el mundo al que mira, pero, lamentablemente, también lo que más se está empujando fuera de los sistemas educativos ávidos de rentabilidad.

Una revolucionaria suerte de *intersticios blancos,* tiempos propios o espacios vacíos que nos faciliten cambiar de unas ideas a otras, cortocircuitar verdades creadas, ser palancas subversivas. Un movimiento que debiera acompañarse de la solidaridad de unos con otros frente a la tentación de huir hacia delante rechazando la doliente y liberadora conciencia.

Cabría renunciar al grado máximo de velocidad de ahora a cambio de recuperar profundidad en las cosas y en sus repercusiones colectivas, mermadas como están las reservas de «inteligencia moral».[1] Esta práctica supondría un ejercicio de responsabilidad y conciencia no solo individual sino también comunitaria. Para ello, serían clave los renovados espacios dedicados al pensamiento libre y al sentido, la alianza tecnológica y humanística desde la creatividad y, muy probablemente, la desconexión temporal.

---

1. G. Steiner, *op. cit.*

4. EL SCOPUS DE LA SEÑORA SPRING

> ¿Cuáles son las relaciones del lenguaje con las criminales falsedades que se le han hecho expresar y exaltar en ciertos regímenes totalitarios? ¿O con la enorme carga de vulgaridad, imprecisión y codicia que arrastra en la cultura de masas en las democracias? ¿Cómo reaccionará el lenguaje, en el sentido tradicional de código general de las relaciones efectivas, ante el apremio, cada vez más acuciante, cada vez más integral, de códigos más exactos, como las matemáticas y la notación simbólica? ¿Estamos saliendo de una era histórica de primacía verbal, del período clásico de la expresión culta, para entrar en una fase de lenguaje caduco, de formas «poslingüísticas» y, acaso, de silencio parcial?
>
> GEORGE STEINER

Sibila ha visto cómo han detenido a la señora Spring por publicar un trabajo poético en una revista indexada en Scopus.[1] El alto comité científico e internacional de garantías le pide una explicación y la señora Spring escribe:

1. «SCOPUS es la mayor base de datos de resúmenes hasta ahora vista en el mundo, con 20.500 publicaciones (85 % de las cuales están indizadas con vocabulario controlado) procedentes de más de 5.000 editoriales internacionales. Con un acceso a más de 28 millones de resúmenes (desde 1966) y 5 años retrospectivos de referencias (llegando a alcanzar 10 años en 2005). Representa aproximadamente un 80 % de las publicaciones internacionales revisadas por especialistas, permitiendo asegurar un contenido actualizado gracias a sus actualizaciones semanales. [...] Scopus comprende los resúmenes y referencias de cerca de 13.000 publicaciones evaluadas por especialistas, así como aproximadamente 1.000 actas de conferencias.»
Fuente (abril de 2017): http://biblioteca.ugr.es/pages/biblioteca_electronica/bases_datos/scopus

Estimados señores:

Sí, es verdad que envié un trabajo que no se atenía a los requisitos formales que se pedían en la revista. Es cierto que sorteé los trámites de evaluación y logré publicarlo. Pero antes de condenarme al ostracismo académico y quitarme mi beca no remunerada, les ruego atiendan a mis razones.

Acepto que en cuanto institución, la científica se apoya en una tradición prestigiada que ha contribuido a asentar los avances y conocimientos sobre los que hoy construimos nuestro mundo. Pero permítanme sospechar que dicha institución esconde su carácter convenido y como tal arbitrario en la clasificación del conocimiento (ustedes hablan de ciencias sociales, humanidades, ciencias médicas, artes, ingenierías...), y yo veo que muchas de las que ustedes acotan se atraviesan y conversan sin complejos en el mundo que yo habito; como también lo hacen los códigos que ustedes quieren delimitar y a menudo encorsetar pensando más en sí mismos que en conocer mejor el mundo de ahora y el que viene.

Permítanme cuestionar una tradición excluyente, que ha sido construida desde una parte del mundo y dominada por grupos sesgados que se definen como neutrales, ocultando su parcialidad bajo la abstracción de un conocimiento que gestionan como una colonia o un dominio. No negaré lo espléndido de su tradición, incluso su encanto, la fascinación de sus métodos y logros, sus honorables integrantes y su brillantez, pero no camuflen como incuestionable lo que es arbitrario, convenido y como tal reprogramable.

No se trata de que me llame la atención que ustedes se parezcan mucho entre ustedes y a los otros comités que históricamente han determinado «qué son las cosas», que su foto sea intercambiable por todas esas fotos de periódicos que representan el poder (líderes mundiales, convención tecnológica, «quienes mandan aquí»). Sí, sin duda es meramente casualidad, como también lo es en la mayoría de los comités que conozco.

No es significativo que todos ustedes sean hombres y que habiten con tranquilidad determinados lugares del mundo, que sus familias tengan recursos y que sabiendo leer y haciéndolo les hayan llevado desde pequeños por los caminos del saber que sus linajes han horadado.

La cuestión es que **no** *me parece descabellado cuestionar un sistema que ha contribuido a perpetuar un mundo donde también los que no ostentan el poder se parecen; un mundo donde hay muchos pobres (escritos en femenino) y algunos ricos, mucha gente que trabaja y algunos que cobran por trabajar, unos pocos que mandan y muchos que obedecen y ruedan, de los que se espera que sucumban cuando salen de su camino sin letras.*

Cuestionar desde los códigos simbólicos (ese poema, ese algoritmo...) es en apariencia «poca cosa», pero resulta que los códigos son las formas en las que construimos conocimiento y no pueden ustedes dar por sentado que la luz logocentrista que han puesto en sus formas de hacer no esconde otras formas en sombra u oscurecidas. Si ustedes restringen las maneras de decir están limitando las formas de pensar.

Y claro que me llama fuertemente la atención que sean tan estrictos con la cuestión formal y pasen por alto las cosas que digo o que sugiero. Porque afirman que no he estructurado mi artículo de acuerdo con el esquema lógico, que las conclusiones son confusas, que el estilo es poético y que no hay ninguna cita. Mirando su revista veo que todos los artículos cumplen esos requisitos que son carencias en el mío, pero veo también que están vestidos como niños en día de fiesta y que muchos están guapos con sus trajes limpios, y aparentan ser buenos cogidos de las manos de sus padres, pero poco sé de ellos si todos van disfrazados por otros, si no están libres. En todo caso, podríamos hablar de «las cadenas de sus padres».

Parece no importar aquí la integridad de lo que publi-
can, *la pro****fu****ndidad de lo que se dice... Bien podría llenar un artículo de palabras que les suenen convincentes cargadas de*

las citas de otros, como si de un contenedor se tratara, hasta llegar al límite y cumplir los requisitos formales, pues tengo la sensación de que lo que ustedes me están pidiendo es una apariencia de verdad y no un compromiso con mi pensamiento.

Y sé que ustedes reducirán mi alegato a una defensa banal del «cajón de sastre», de un «vale todo» que quiera simplificar reduciendo a posiciones dicotómicas, y desprestigiarán mis palabras con argumentos de los autores más citados en su revista. Pero en mi defensa diré que mi propuesta no supone caer en la deriva de la improvisación pendular y subjetiva que permita que todo fragmento deslavazado pueda ser publicado en su revista. Lo que les digo es que el conocimiento es algo que puede venir del ejercicio propio de una investigación teórica, de campo o documental, pero también de un ejercicio reflexivo y estilístico, donde la forma no esté encadenada a un patrón excluyente, que la forma es también pensamiento y que el conocimiento debe ser «libre», esa otra forma de exigencia que habla de compromiso y responsabilidad con el pensamiento.

Ustedes me animan además a escribir con «un grupo», siguiendo la tradición empírica de trabajo colectivo de algunas ciencias frente a este egoísmo de la forma literaria que parece asustar a su revista, porque igual fantasea que habla desde el «uno mismo» y hace convivir contradicciones que buscan zarandear preguntas y no dar por sentadas las cosas. Claro, no hay talento individual ni libertad de pensamiento comparable a un grupo de investigación, ¿verdad? No seré yo quien ponga en duda si todos aquellos que firman los artículos de sus revistas han participado o no en ellos, si muchos se sostienen y esconden en las cadenas de nombres, jerarquías, endogamias y fuerzas de visibilidad que regalan méritos a quienes ya tienen poder y explotan a los que tienen mucho que ganar. Claro que no alimentan ustedes un sistema clientelista, claro que no.

Corrijo y tacho en este momento el párrafo de esta carta que dice: ~~Del hecho de publicar mucho no se deduce que se~~

~~publique bien, ni que haya aportaciones novedosas. Los sistemas simplificados a lo numérico pueden parecer garantes pero son también los más fácilmente manipulables.~~

Porque dicen que no me quitarán la beca si demuestro que fue un error y que no se volverá a repetir, que sigo entusiasmada por querer formar parte del selecto club que escribe en esta prestigiosa revista indexada. Gracias por recordarme que mi beca es el criterio número 1 para la bolsa de trabajo que llevo tres años esperando y que publicar artículos con ustedes es necesario para cumplir el criterio 3 de la bolsa que indica «un mínimo de 10 artículos con Scopus». Entonces, fue un error. Por supuesto que sí. Estoy equivocada y les pido disculpas. Acepto mi de**l**ito y **m**e declaro culpable. Confío en que la lectura de esta carta les haga valorar cómo enfatizo.

IV. Solapar la virtualidad.
La pantalla como realidad suficiente

> ¿Cómo podría yo estar «allí» y ser otra quedándome en casa? No tengo claro si es lo que querían o lo que quería yo.
>
> LAURA BEY,
Mi vida en la primera IP

1. SUEÑOS Y FICCIONES

> ¿Qué soñará el indescifrable futuro? [...] Soñará que podremos hacer milagros y que no los haremos, porque será más real imaginarlos [...]. Soñará que el olvido y la memoria pueden ser actos voluntarios, no agresiones o dádivas del azar [...]. La vida no es un sueño pero puede llegar a ser un sueño [...].
>
> J. L. Borges,
> «Alguien soñará», *Los conjurados*

Es difícil resistir ese éxtasis momentáneo que supone soñar que volamos mientras dormimos. Liberarnos de la gravedad y de las ataduras que arden en la tierra y en la vida cuando estamos despiertos y los brazos no... no nos elevan. Volar en sueños me gusta especialmente, a diferencia de volar en aviones, cruzar océanos o mares de verdad. Ahora volar sobre determinados mares es incluso más duro que antes. A poco que uno tenga conciencia y ojos, implica saber que miles de personas que sueñan con volar (escapar, huir, salir, marcharse...) navegan hacinadas, naufragan o mueren en el agua mientras tú vuelas.

Si el mundo fuera justo naceríamos todos con alas, como los pájaros que migran, suben y bajan norte-sur, sur-norte, por encima del agua, donde no hay frontera inventada o de tierra. Pero los humanos no tenemos alas, solo llegamos a inventar aviones y últimamente pantallas, donde ver (a veces consecutivamente) que solo algunos vuelan, que otros mueren en el mar, o que tipos que siempre vuelan y reinan, reinaron o reinarán en el cielo del capital acumulan tanto tanto dinero que es imposible no deducir que se hayan quedado con todo lo que correspondería a esos que mueren en el agua.

Este encadenamiento de imágenes (que no esconde la parcialidad de una mirada) se repite en las pantallas cada día y apunta a escenas descriptivas de unos pocos minutos frente a las noticias. Se trata de un encadenamiento que no puede sino responderse a sí mismo, queriendo apuntar a alguna relación entre las imágenes que comparto y la pregunta ¿por qué algunos se escapan y otros viajan?, ¿por qué soñamos con volar?

Habituados a las pantallas, en algún momento de emisión de la realidad comenzamos a acostumbrarnos al horror retransmitido, y me pregunto si acaso hemos empezado a sustituir las preguntas sobre lo que acontece en el mundo por la duda analgésica de un posible solapamiento de la realidad y la ficción. ¿«Soñará (el futuro) que podremos hacer milagros y que no los haremos, porque será más real imaginarlos»? ¿Encontrarán las formas de autoengaño en el futuro cercano maneras más sofisticadas de aparentar ser verdad para resignar a los pobres y a los entusiastas?

Creo que un margen más fluido entre lo ficticio y lo real en nuestra vida en las pantallas está difuminando esta clásica oposición. De forma que los marcos de fantasía que nos permitían distanciarnos de lo fantasioso son cada vez más líquidos, están más desdibujados. Por otra parte, mientras la ficción suele ser una creación tecnológica, la producción de lo fantasioso es un proceso subjetivo y social. Necesitamos a los otros para corroborar y significar socialmente lo que vemos, pero la vida interfaceada y online no lo pone fácil, especialmente cuando los otros forman parte de ese universo mediado. ¿Quién puede afirmar que los otros que ustedes no conocen y aparecen en sus redes y contactos son reales o son como allí aparecen?

Cada vez más nos pasa que hemos normalizado el marco de representación de la pantalla erosionando los viejos límites. Este marco forma parte de la cotidianidad y de los mundos de vida de los sujetos precarios atados a sus dispositivos tecnológicos. Sin embargo, el asunto marca sobremanera una de sus aristas señalando al poder de los marcos de fantasía del lado de quienes sufren. Evasión, emancipación y opresión serían palabras que sugerirían itinerarios posibles de aquellos que viven una realidad frustrante o dolorosa y descubren en la ficción formas de habitar su mundo, formas que (sienten que) les salvan.

En las posibilidades de inmersión virtual contemporáneas cabría observar tanto el poder de evasión de los mundos «de mentira» (películas, novelas, videojuegos...) a los que muchas personas dedican gran parte de su tiempo (viendo, leyendo..., pero también «creando»), como también el poder de la ficción para remendar, llenar, eclipsar los vacíos de sentido o la conciencia que duele en nuestra experiencia del mundo, en nuestras relaciones (también ausencias) con los demás, haciendo más vivibles los días.

Sobre ello tratan ficciones como la película *Alps* (2011) de Yorgos Lanthimos, donde los miembros de un grupo ofrecen, a cambio de dinero, reemplazar a las personas que acaban de morir por otras en la vida diaria de las familias que sufren su pérdida. De forma que para paliar la falta, los integrantes de *Alps* ocupan el lugar de quienes fallecieron y se comportan como lo hacían cuando estaban vivos. Existe en esta práctica un límite borroso de racionalidad que evidencia un acuerdo para vivir en la ficción «un tiempo» o, tal vez, «indefinidamente», en cuyo caso la ficción correría el riesgo de sustituir plenamente la vida y apropiársela. Un límite que comienza siendo evidente pero que se busca suavizar hasta el autoengaño, como un disfraz ficticio que permite vivir a quien no soporta la realidad.

Cuando la vida se hace excesiva o complicada, frente a la complejidad de afrontar lo que daña o el impulso de desaparecer, surge también la tentación silenciosa de mutar, de habitar una ficción en un gradiente mayor al habitual. Esto es posible en soledad o con la complicidad del contexto al que se le reclamaría no pronunciar las palabras que desvelen las costuras del disfraz. Muchas personas como Sibila conforman sus ficciones como parte de su vida, al mismo nivel que otras cosas materiales que decimos sin titubeos que son verdad. La pantalla ayuda, la precariedad empuja.

Y no cabe pasar por alto esta idea, pues apuntaría a un apagamiento voluntario o prescrito de la conciencia. Un apagamiento que permite desconectar temporalmente cuando la vida es difícilmente vivible ante situaciones problemáticas o que nos dañan.

Para muchas personas hoy la trascendencia de la vulnerabilidad de la vida, las enfermedades que palpitan, las de los otros, la incertidumbre sobre un futuro, el temor a que la realidad extreme la precariedad de los días, se hace de una proporción incompatible con un rostro sereno. Entonces, la pantalla contribuye a incluir la ficción como parte de la realidad material, recreando las partes del puzle vital que nos faltan y naturalizando la ficción como parte de la realidad.

Pienso en cómo Sibila se despierta por la mañana notando que los límites dependen de su ejercicio de voluntad y persistencia, de su empeño de afirmar que algo confuso es como ella decide, activando y desactivando ventanas, configurando lo que quiere ver y lo que no está dispuesta a ver. Una mirada «esquinada» que linda la *posverdad*, junto a la soledad que arrastran nuestras vidas en habitaciones conectadas, lo hace posible.

Claro que la potencia de ese «querer creer» del que nos valdríamos en las formas de autoengaño también es un recurso del que diariamente se valen los imaginarios contemporáneos en sus formas de evasión y entretenimiento. Y aquí la cosa adquiere un tinte político al identificar la ficción como instrumento posible para suavizar una realidad dolorosa, pero también para resignar a los oprimidos, donde la ficción se utiliza como mecanismo colectivo que permite construir un determinado tipo de vida. Las series, películas, videojuegos y redes sociales saben, ellos saben.

El poder de estos imaginarios capaces de alimentar el entusiasmo y de neutralizar una movilización o de azuzarla es algo creciente, y su dominio tan fascinante como inquietante. No solo por su poder identitario, sino por su poder inmersivo. En algún momento podremos afirmar que lo hicimos, que estuvimos..., porque podremos triunfar, hacer, fracasar en la superficie virtual con un grado confuso de complemento o apropiación total de la vida real. Porque si los tiempos son dedicados mayoritariamente a esa ficción y el resto a dormir, donde los sueños inevitablemente tratan sobre lo vivido, ¿dónde queda la vida y dónde termina lo interpretado?, ¿alguien podría decir que eso no es vida si se convierte en la «única vida»?

2. LA IMAGINACIÓN COMO PARTE DE LA SUBJETIVIDAD POLÍTICA

> Necesitamos figuras de humanidad capaces de enfrentarse a la figuración literal, figuras de resistencia que estallen en enérgicos nuevos tropos, nuevas figuras de dicción, nuevos términos de posibilidad histórica. Para que tenga lugar este proceso en el punto de inflexión de la crisis, donde todos los tropos vuelven a girar, necesitamos oradores extáticos.
>
> DONNA HARAWAY, «Ecce homo, Ain't (Ar'n't) I a Woman, and Inappropriate/d Others. The Human in a Post-Humanist Landscape»

> Hay ciertos indicios de que una adhesión metódica, persistente, a la vida de la palabra impresa, una capacidad para identificarse profunda y críticamente con personajes o sentimientos imaginarios, frena la inmediatez, el lado conflictivo de las circunstancias reales. Llegamos a responder con más entusiasmo a la tristeza literaria que al infortunio del vecino.
>
> GEORGE STEINER

¿Desde cuándo te escondes?, se pregunta Sibila. Quizá sus huesos sigan siendo los mismos, pero ahora si se repliega le cuesta encontrarse. Todos los trajes sociales que la visten la ayudan solamente a pasar desapercibida. No es poca cosa para quien desea crear y evitar que la entretengan en el camino; pero no puede esconderse todo el tiempo.

A Sibila le gustaría ser más libre para probar otros disfraces, otras figuraciones, nuevos tropos que le permitan pensarse de veras. Sin embargo el círculo la atrapa porque para ser más libre igual debiera ser capaz de imaginar otros disfraces subjetivos.

Así como los buenos imitadores son capaces no solo de parecerse físicamente al imitado sino de lograr su tono de voz, su actitud y activar una suerte de «pensamiento» distinto, quizá la libertad sea un ejercicio que Sibila puede entrenar desde la máscara de la figuración política, (imaginar) «ser otra».

Parece evidente que toda construcción subjetiva que pretenda no repetir las identidades heredadas, especialmente identidades que oprimen o precarizan, debe apoyarse también en la fantasía. No solo el conocimiento, sino muy especialmente la imaginación, sobre todo si es movilizada por la conciencia política, son mecanismos que posibilitan no reiterar lo que excluye o aprieta de las identidades. Si entendemos que los trajes sociales son convenidos y artificiales, es decir, que son facticios, claramente la imaginación puede ayudarnos a idear formas identitarias mejoradas, más vivibles.

También la imaginación, esa herramienta esencial de los trabajos creativos, podría ser acogida por buen número de prácticas cotidianas, pero pronto aprendemos a docilizarla. La escuela ayuda, las industrias del imaginario reafirman, reduciéndola a copiar el mundo con distintos colores, o a un espejismo de fantasía inspirado por viejos modelos y nuevas industrias, donde rápidamente cambian las tecnologías pero muy lentamente el poder que inspira tecnología e identidades.

No es banal que el arte, como uno de los pocos territorios que nos permite la convivencia desacomplejada de la imaginación y su estímulo, sea un lugar al que mirar si hablamos de subjetividad política. El arte, y en general toda práctica creativa que se considere libre, se vale de la fantasía para su hacer inspirado en el mundo pero que en algo modifica el mundo o propone otro mundo. Sugiere Steiner que al arte «le permitimos la entrada, aunque no sin cautela, a nuestra más honda intimidad. Un gran poema, una novela clásica nos asedian; asaltan y ocupan las fortalezas de nuestra conciencia».[1] El poder del arte radica en el poder de movilizar «íntimamente» nuestra imaginación y nuestros deseos.

El arte interesa además porque comparte con el mundo entusiasta de las pantallas «un marco de fantasía» que lo define, un límite que genera la duda sobre la realidad y la existencia o no de aquello que se enmarca. Ambos mundos, artístico y conectado, están acotados –de manera más o menos visible– y podrían ser considerados mundos virtuales, entendiendo que tienen una *existencia aparente*.

Hay quien afirma que la virtualidad se opone a la realidad. Y pudiéramos aceptarlo a un nivel abstracto mirando allí donde se hacen los conceptos, pero los tiempos cambian y el mundo virtual forma cada vez más parte normalizada de nuestra realidad. Es más, para muchas personas conectadas habitar en contextos virtuales claramente identificados como ficción es difícilmente separable de su mundo real. Los mundos de vida se transforman y en ellos los universos ficticios en las pantallas se hacen (se harán) cada vez más inmersivos: videojuegos, películas y experiencias con realidad aumentada sugerirán posibilidades distintas de vivir los mundos imaginarios y representados.

Desde que habitamos estos espacios ya no siempre precisamos viajar para estar en otros lugares. Se hace mayor y más cotidiana la posibilidad de introducirnos en ellos mediante recreaciones simuladas o mediante ejercicios de concentración y deseo frente a la pantalla, donde el «querer creer» se posiciona de manera determinante. Donde a las posibilidades de experimentación lúdica y temporal se une la fantasía como herramienta también política. Uso no siempre estimulado pero sí latente en los escenarios de ficción.

1. G. Steiner, *op. cit.*, p. 26.

Como herramienta política la fantasía interpela y permite al sujeto especular sobre su devenir, sobre lo posible, tantear y experimentar con otras formas subjetivas capaces de crear contagio y cambiar identidades. Quienes se dedican a la creación saben del poder de las pantallas, de la imagen y de la escritura para revertir temporalmente tantas ausencias y limitaciones. Tantos impulsos de transformación de mundos que nacen cuando por fin nos vemos también como ficciones y en ellas nos construimos de otras maneras. Tanta potencia política para el *ser* que desaprovechamos por no fantasear, miedosos y resignados, acostumbrados a una respuesta conservadora, a no intervenir en lo artificial, el sujeto, esa ficción de influencia colectiva pero de uno.

Tras la imaginación ninguna subjetividad se hace política si no se hace identitaria, si no mira a los otros buscando *contagiar*. Sería para ello importante *reiterar* la figuración inventada. Hacerla símbolo para asentar un significado o para crear un significado, como base de su proceso *performativo* de construcción simbólica. Sería el hecho de reiterarse en un contexto social hasta ser «compartida», lo que construye, definiendo, un significado o simbolismo social.

Porque no es una imagen o idea aislada la que genera un significado. Es el hecho de que, en su reiteración, esa imagen repite insistente un mensaje hasta ayudar a interiorizarlo. Las ficciones políticas que ayudarían a emancipar al sujeto precario no serían aquellas que sustituyen unos modelos por otros, sino las que contribuyen a especular con lo posible y a «desmontar el diseño» de personajes sociales, a desvelar los mecanismos de su facticidad y sus condiciones de libertad.

En las últimas décadas son varias las autoras que han animado la creación de mitos como manera efectiva de subvertir la hegemonía representativa de los imaginarios (especialmente racistas, patriarcales y capitalistas). Desde el *cy-*

borg[1] de Haraway hasta el *sujeto nómade*[2] de Braidotti, las figuraciones teóricas surgen como criaturas deseantes y productivas, figuras poéticamente fundadas en la infinita naturaleza de lo facticio.

Si las figuraciones políticas pueden ayudar a transformar la precariedad de los entusiastas es desde la ideación de figuras de dicción que permitan nuevas preguntas y desafíos políticos. Figuras que se acerquen a lo visual-digital como a una nueva localización del poder, al cuerpo conectado como un campo de inscripción de códigos sociosimbólicos que converge cada vez más con la máquina, a las formas de la subjetividad como construcción dinámica en la complejidad del contexto online.

Porque los límites materiales y discursivos del sujeto en la red no son solo los del mundo físico, establecidos por el efecto forzado de los cuerpos y sus identidades bioculturales atendiendo a modelos hegemónicos (pienso en Butler en *Cuerpos que importan)*.[3] El contexto difiere porque «en teoría» hoy las diferencias físicas y sus variables se podrían difuminar mediante la ocultación de los cuerpos, pudiendo vacilar sobre el lugar que ocupan sus límites simbólicos.

Enfatizo «en teoría» porque si bien esta potencia late en Internet, lo que hoy advertimos es la presión por huir de la fantasía y evitar la máscara propia de todo juego identitario. A ello apunta el marco neoliberal que rentabiliza y gestiona las herramientas y recursos de visibilización identitaria online. La razón que se esgrime es que tras la máscara se esconde (o puede hacerlo) el delito posible, coartando en ese miedo

---

1. Donna Haraway, *Ciencia, «cyborgs» y mujeres. La reinvención de la naturaleza,* Cátedra, Madrid, 1995.
2. Rosi Braidotti, *Sujetos nómades,* Paidós, Barcelona, 2000.
3. Judith Butler, *Cuerpos que importan. Sobre los límites materiales y discursivos del «sexo»,* Paidós, Barcelona, 2002, pp. 17-18.

la libertad, para muchos oprimidos, de imaginarse o de hablar sin ser apercibidos.

Alimentar esta sospecha es una forma eficaz de controlar que los sujetos sigan desglosándose en datos y fragmentos de realidad que permitan a quienes gestionan las redes conocernos más y adelantarse a nuestros deseos, contribuir incluso a «crearlos».

Esto acontece además por la colonización y dominio privado de los espacios de interacción social en Internet. De hecho, las redes sociales donde habitan los entusiastas son espacios con apariencia pública pero bajo control e ideación privada. La acción de la figuración política aquí, donde podría hacerse pensativa y generar contagio, se enfrenta a la configuración de estas redes. Articuladas para aplaudir lo que venga acreditado por imágenes reales, nombres reales y datos veraces. El miedo al delito escondido en la máscara o el anonimato es la mejor excusa para controlar a los sujetos en sus formas de representación identitaria dócil, entusiasta, previsible, inscrita en un sistema más fácilmente controlable.

A nadie extraña que con este panorama a Sibila le bloqueen cada cierto tiempo una de sus cuentas en Facebook. Allí donde un nombre ficticio le permite hacer y hablar sin miedo ni repercusiones. Dice la empresa que deberá entrar con documento nacional de identidad e indicar su nombre y apellidos, sus datos reales, que le perdonará su pecado de máscara y le devolverá su información si acepta estas condiciones. Mensaje a mensaje, usuario a usuario, las redes (naturalizando su poder sobre el espacio público) crean una estructura simbólica, gestionando quién tiene (o no) el poder de nombrarse y de imaginarse, asumiendo además el poder que la política hace tiempo que parece haber delegado en la economía y en las industrias digitales.

3. LA VIDA ENTUSIASTA Y EL MARCO DE FANTASÍA

> [...] distingue con todo cuidado entre los animales reales (que se agitan como locos o que acaban de romper el jarrón) y los que solo tienen su sitio en lo imaginario.
>
> MICHEL FOUCAULT,
> *Las palabras y las cosas*

Un niño mueve los dedos pulgar e índice de su mano derecha sobre el cristal de la ventanilla de un coche. Está sentado en el asiento de atrás y sus juguetes electrónicos se han quedado sin batería. El niño intenta ampliar la imagen de una vaca que pasta en el campo de afuera. Lo hace como si el cristal fuera su pantalla y la imagen real asible y manipulable, como si el mundo real estuviera allí representado y tocarlo le permitiera lograr un primer plano del animal. Desde que nuestro mundo viene cada vez más mediado por pantallas y los animales reales e imaginarios confluyen, allí donde un marco encuadra una escena móvil, late con fuerza la duda.

La mayoría de los dispositivos conectados funcionan hoy como marcos cotidianos de fantasía, marcos normalizados que solapan el mundo digital y el mundo de las cosas y los cuerpos que se tocan, huelen y susurran más allá de los ojos y las yemas de los dedos. El «marco» casi siempre es visible, pero tan habitual que tendemos a obviarlo, fundiendo lo presentado y lo representado, confundiendo dónde empieza lo simbólico y dónde lo imaginario, dónde termina o dónde se funde con lo real.

El marco de fantasía protagoniza la red. En ella lo que vemos nunca tiene plena garantía de responder a algo real o inventado. Sin embargo, desde su inicio las redes sociales han buscado contrarrestar las dudas sobre la existencia y verdad de las personas conectadas, justamente enfatizando su hipervisibilización y sobreexposición. A ellas, en sus variantes entusiastas, les reclama constantemente acreditar su «realidad» con más y más imágenes, datos, recuerdos, homenajes y vínculos que verifiquen que existen. Fotografías, vídeos e interacción operan aquí como pruebas de realidad. No importa que esas imágenes sean recreadas o construidas para esa foto, invirtiendo la lógica de compartir lo vivido por «compartir lo que quiero que crean que he vivido».

Me resulta llamativo cómo el sobreesfuerzo de las redes se ha orientado más a construir apariencia de verdad desde el exceso de imagen, sobreinformación y estetización, pero no ha ido encaminado a favorecer lazos de confianza (apoyados en una conciencia o una ética), más allá de los livianos lazos afectivos –justamente los que mejor se inscriben en el entramado capitalista en que se insertan las redes.

Herederos de otras formas de ver, cuando las imágenes no circulaban con la libertad y celeridad de ahora, pero normalizado el nuevo contexto de vida en las pantallas, hoy los pactos de confianza están cambiando, aunque no como muchos quisieran. Y pasa que, cuando todo está bajo sospecha, es lo que «aparenta» un mayor grado de realidad lo que busca adquirir más valor. Fascina que lo parezca, ya que tendemos a identificar *realidad* con *verdad* pero también *realidad* con *mundo material*. En la pantalla no existe plena garantía de correspondencia con lo material, solo apariencia.

Lo virtual ya no está excluido ni es algo opuesto a lo real. Desdibujados los límites, lo que vemos puede ser real de distintas maneras. Y creo que una de las claves de la presentación y la representación en la red es justamente el proceso de disolución de estas clásicas líneas que han diferenciado lo real y lo virtual como algo dicotómico.

En Internet el marco de referencia puede no estar claro. No siempre podremos acreditar por conocimiento y prueba, sino por hábito y confianza en el contexto. Además la inmediatez y la volatilidad de las cosas no proporcionan tiempo que anime a discernir lo auténtico, casi siempre delegado en una mayoría de pronunciamientos que lo avalan o lo sugieren. Por eso el impacto de la afectación tiende a transformarse. La duda o tiempo para pensar que requiere es a menudo incómodo, especialmente para las dinámicas que reclaman respuestas rápidas. Respuestas curiosamente más apoyadas que nunca en aspectos emocionales e intuitivos (las únicas que toleran esa prisa).

La cuestión que aquí señalo incluye otro elemento añadido a la reflexión. Apoyarse sin reparos en la audiencia que proporciona la visibilización de lo que se presenta como «real», independientemente de su verdad; buscando en ocasiones acrecentar su rentabilización, conscientes del carácter desechable y precario de una vida online que actualiza constantemente el valor del *ahora*. Hablaríamos entonces de esa visibilidad vestida de viralidad y popularidad, de espectáculo que demanda actualidad; ejemplificando la imagen de la fama como uno de los más valiosos objetivos vitales al que también miran los entusiastas.

En la viralidad proliferan aquellos dispuestos a hacer y decir sin filtro ni miedo, conscientes de que en su huida hacia delante lo dicho hoy será eclipsado por lo dicho mañana. Buenos tiempos para la espontaneidad pero también para fanfarrones ávidos de «ojos» que sostengan la cadena de máximas audiencias. Aunque es más que probable que su propia lógica precaria termine sustituyéndolos o fagocitándolos por puro agotamiento. Todo ello sin menospreciar que su ausencia de filtro −convertida en poder de influencia− pueda llevar incluso a hacerles gobernantes o líderes de opinión de manera esperpéntica.

4. SOBRE CLASIFICACIONES, IMÁGENES Y MUSEOS

> Los animales se dividen en: (a) pertenecientes al Emperador, (b) embalsamados, (c) amaestrados, (d) lechones, (e) sirenas, (f) fabulosos, (g) perros sueltos, (h) incluidos en esta clasificación, (i) que se agitan como locos, (j) innumerables, (k) dibujados con un pincel finísimo de pelo de camello, (l) etcétera, (m) que acaban de romper el jarrón, (n) que de lejos parecen moscas.
>
> J. L. Borges,
> *Otras inquisiciones*

Lo aprendemos si salimos del marco, si leemos o viajamos. Siendo el mismo mundo, las clasificaciones difieren y el mundo se hace distinto. En cada nueva ciudad que visita, Sibila deriva por museos y repositorios del saber ordenados. No se trata de un lujo para su tiempo apasionado, sino de un resorte que le permite observar lo antiguo como manera de comprender las historias del espíritu, sus herencias y sus lastres.

Sibila acaba de llegar a un país extranjero, a la capital del reino y una de las capitales del mundo capitalista. Allí tiene previsto desarrollar una breve estancia de investigación autofinanciada con ahorros y con una beca que le cubre el importe del billete en línea de bajo coste y el alojamiento durante el primer mes. Piensa que con un poco de suerte igual encuentra trabajo en esta ciudad.

Sibila dedica dos días a visitar museos diferenciados en epígrafes pero muy parecidos en su aura de pasado y archivo del saber. Todos recogen, enmarcadas, obras o fragmentos de obras de otros tiempos, igualadas en vitrinas y separadas de los ojos por un cristal; producciones de artistas que ya no viven o artefactos de humanos que desaparecieron.

Puede que las muertes cercanas, las de ancianos, pero sobre todo las de amigos que siendo jóvenes se hicieron viejos para morir, tuvieran que ver con esta obsesiva atracción de Sibila por los ríos del pasado conformados en historia y arqueología, acogidos y nombrados en estos museos, manteniendo aún algo del alma de quien tuvo, fabricó o utilizó esos objetos y ya no están.

Me parece que para quienes intentan domesticar la idea de la muerte, navegar por estos epitafios que piden levedad a la tierra, por estas imágenes confusas que fueron objetos cotidianos donde no está del todo claro su marco de fantasía, se convierte en una forma de suavizar otros límites, quizá heridas. Como si vivieran a través del marco al que se oponen.

En los museos, Sibila observa mil fragmentos de piedra tallada y artilugios para la vida en chozas o casas; huesos de humanos y otros animales idénticos en apariencia ante los ojos, solo diferenciados por descripciones de lo microscópico. En su hiperrealismo a pie de calle, pero agigantada y enmarcada, Sibila se encuentra con la descomunal y finísima recreación, cual Gregor disecado, de una mosca gigante que pareciera congelada tras cuatro paredes de cristal. La pretensión didáctica implícita en el aumento de tamaño de la criatura fascina a los niños de la sala. Un «agigantar para ver mejor», que para Sibila es también un gesto artístico que de pronto convertía algo real en otra cosa, un fondo en un punto sobre el que detenerse.

La conspiración simbólica advertida por Sibila se hace fuerte al encontrar sobre el piso de la sala contigua a la de la mosca, separada por un ligero cordón rojo que había caído al suelo, una preciosa *Australopithecus* de tamaño real representada en escultura o inmovilizada en aquel recinto. No podía ser que aquella figura recreara a un homínido del pasado sin más, en su gesto y en el azar de aquella cuerda caída al suelo, la escena se hacía distinta. La rebeldía de lo representado que nos devuelve la mirada se hacía evidente. Cree Sibila que ambas imágenes tendrían perfecta cabida en museos dedicados a la ciencia (como aquel) y en museos dedicados al arte.

Entre todas las recreaciones ambiguas, difícilmente enmarcables en un único epígrafe, en un recorrido imprevisto encontró la imagen más desconcertante: la momia-escultura de Jeremy Bentham.[1] La más estimulante y desubicada de todos aquellos estantes museísticos. Concebida como momia es también una escultura; presentada como tumba homenaje receptora de ojos que la miran es también testigo y agente de mirada. En su cabina integrada en el pasillo de una universidad, lejos de acoger una tumba al uso, el muerto es al mismo tiempo escultura y momia, artefacto a pie de tránsito e imagen enmarcada. Camuflado entre estancias universitarias, no queda claro si está ahí para ser mirado (como artefacto o tumba) o para garantizar que es él quien mira, practicando aquello que en vida predicó Bentham en sus estudios sobre el *panóptico*. No se explicaría, si no, por qué abrían las puertas de su cabina por la mañana y las cerraban al llegar la noche, dándole al muerto-escultura el beneficio de la agencia y de la mirada.

Pienso en estos días de Sibila y en cómo los museos dicen mucho sobre nuestras clasificaciones del mundo, pero también sobre quién ha tenido el poder de la mirada. Es decir, quién ha sido mirado o quién ha podido mirar, acotar lo mirado, registrarlo, significarlo.

También a mí me han interesado las palabras que en la cultura y en los trabajos creativos clasifican. Especialmente cuando funcionan más como herida que como ropaje. Quizá

---

1. Jeremy Bentham (1748-1832). La cita alude al *Auto-icon* en University College London.

por ello me chirrían las clasificaciones del conocimiento que se muestran incuestionables y tienden a perpetuarse en la escuela y la tradición. Me chirrían porque asientan formas de valor que se atrincheran esencialistas, obviando que significan desde poderes y pautas convenidas, contextuales e interpelables con los tiempos.

Es fácil caer rendidos en la fragmentación del mundo y los saberes. Nos pasa habitualmente con la medicina, condenados a peregrinar por expertos en partes del cuerpo sin encontrar a alguien que nos pueda entender «completos». Sabemos que la fragmentación nos permite acotar, entender a trozos, organizar trabajos, pero olvidamos después su integración en el mundo, su dimensión compleja, su conveniencia holística, diría incluso antropológica.

Todo saber es un registro identitario similar a una clasificación que ubica: «ser de arriba, de abajo, negro, blanco, azul...». Pero no solo punzan las casillas claramente vitales, sino también esas en apariencia más prosaicas, relativas a lo que, por ejemplo, hacemos, creamos y estudiamos, aquello que marca a los entusiastas: escribe, pinta, actúa, hace cosas en Internet... Esas prácticas confusas por las que transito, como quien camina, salta y se detiene, en este libro y que conforman hoy primeros niveles de presentación social del sujeto; niveles que mirando al trabajo que se hace responden a la pregunta «¿tú qué eres?».

Entre las clasificaciones del *hacer* que siempre me han llamado la atención en este lugar del mundo están las relativas a estas prácticas que lindan lo que, no sin titubeos, hoy llamamos *formación artística*. Clasificaciones que validan que el saber y la práctica creativos en la educación pública de este país sigan articulándose sobre acotaciones basadas en modos de expresión o en sus instrumentos. De un lado, antiguas disciplinas tristemente vigentes que se empeñan en diferenciar las llamadas artes plásticas: «dibujo, pintura y escultura», obviando e incomodando lo que esta tríada no acoja. De otro lado, las musicales, la danza y el teatro y, difuminadas en estudios de filología, las que hablan de literatura y obra escrita.

Todo un gabinete de herencias que mira más al pasado que al presente, más al legado de quien quiere mantener y legitimar un poder y un lugar en la institución que a quienes pretenden crear condiciones para la formación creativa desde la libertad y la época. Y no, no se comprende. Como tampoco que la formación artística sea aún identificada solamente con lo que se hace manchándonos las manos y copiando, o lo que se aprende a ver leyendo dócilmente los lenguajes del poder (y no desmontándolos).

Hoy el conocimiento fluye y avanza, más fuerte cuantas menos cadenas y límites se pongan a la libertad de pensamiento. Nunca debiera estar penalizada la pulsión por conocer en los márgenes.

Antes hubo clasificaciones que nos dividían en «letras y ciencias», en «aficionados y profesionales». Todavía hoy se separan institucionalmente cosas y símbolos que se producen de cosas y símbolos que se consumen, trabajos culturales que se pagan y se llaman empleos de otros, demasiado parecidos, que nadan en la precariedad. Sin valorar que las esferas se funden, se erosionan, porque entre otras cosas la red y los tiempos nos cambian, y justamente estas formas de erosión y confluencia son hoy distintivas de la época. No porque fundan el mundo en un magma indistinguible, sino porque reclaman pensar las cosas «de otras maneras», valorando (por ejemplo) formas de *afinidad* y gradiente frente a formas identitarias duales y excluyentes.

Creo que el flujo de la *cultura-red* conforma un escenario idóneo para la integración, algo que augura un futuro donde las derivas de la programación apoyada en nuevos sistemas de complejidad quizá nos permitan está conciliación. Y me parece que esto sería posible si, cuando menos, aceptáramos el desafío de los tiempos de habitar la complejidad, integrando y valorando la flexibilidad, la creatividad, la crítica y la especulación propias de renovadas prácticas artísticas y antropológicas, como estantes necesarios y dinámicos para la comprensión del mundo y la ideación de los nuevos repositorios y museos por venir; esos que no eviten la incomodidad de diseccionar sus mecanismos de poder y de hacerlos también visibles.

5. EL PRIVILEGIO DE UN RETRATO Y LAS IMÁGENES PRECARIAS

Los entusiastas hoy están hechos de sueños y expectativas siempre en conflicto, frente y dentro de las pantallas. Cuando este fascinante «desastre de realidad al que llamamos ser»[1] convierte en entusiasmo su frustración y sus deseos, el sujeto precario se descubre en un mundo donde debe vivir con sus imágenes propias (y a pesar de ellas), allí donde controlarlas nunca fue tarea tan complicada; casi tanto como controlar la satisfacción con nuestra «propia imagen» y esa (tuya, mía, de ellos) expectativa vital.

Las cámaras pueden ser despiadadas con los rostros que se fotografían, pero el control sobre las imágenes hoy termina haciéndolas sumisas. Como quien produce cincuenta para seleccionar una, así son los retratos de los entusiastas, seleccionados.

Sin embargo, pudiendo aparecer diversos y mostrar la espontaneidad de la duda, el titubeo o la vulnerabilidad de la carne, o acaso un «más de lejos», un «más de cerca», un fragmento (de piel o alma), no llama la atención que los sujetos terminen casi siempre por mostrar lo mismo: un rostro que «posa» tan parecido a los otros rostros de frente o de perfil.

1. Laurie Penny, *De esto no se habla*, Continta me tienes, Madrid, 2017, p. 225 *(Unspeakable Things,* Bloomsbury, Londres, 2014).

Hace tiempo que Sibila comparte la pasión contemporánea por lograr imágenes del propio rostro, por fabricar compulsivamente imágenes de sí misma. La industria digital ayuda y las demanda, consciente de que nada atraerá más a unos ojos que una foto donde aparezcan. No basta el espejo, la imagen propia no se construye ahora frente al reflejo sino frente a una foto.

Aunque todavía por las mañanas Sibila mira con detenimiento su rostro reflejado. Piensa que hace ya años que mantiene la piel camuflada al exterior por máscaras hechas de maquillaje y tintes que lo construyen, queriendo creer que ella es la máscara y no la de detrás; que la capa que ella decide mostrar es la fabricada, que el rostro de verdad es el de mentira, y que la naturaleza está sobrevalorada.

Pero toda imagen ficticia guarda fisuras o costuras que hacen ver lo que esconde, lo que está detrás, lo que estuvo antes o lo que aparece cuando no hay testigos. Así pasa con los rostros contemporáneos, que se desvanecen. El maquillaje es efímero y el pelo crece dejando ver la raíz, pero también las fotos de perfil duran poco y piden a cada rato ser actualizadas.

La pose primera de Sibila, antes de ser construida como máscara, llega al inicio y al final del día. La cara lavada es arropada por la noche, que cambia realidad material por sueño, ese otro lugar donde la no-verdad transita. Y cree Sibila que la mayor parte del día ella es la máscara, es decir, la imagen que construye frente al espejo por las mañanas. Sin embargo, fuera de casa o frente al ordenador la luz es distinta, el maquillaje desaparece, sus manos restriegan la cara cansada, la saliva arrastra los restos de carmín, el pelo termina recogido con gomas y clips. De forma que la mayor parte del día, ella es otra distinta a la que ve en el espejo.

Pero pasa que este ensimismamiento se ve interrumpido en cuanto Sibila se coloca en el mundo, en la calle o en la red. Entonces poco tarda en desconectar de su imagen y focalizar su atención en los rostros que encuentra. Como esos niños que miran descaradamente sin saberse mirados, a Sibila le gusta observar a la gente. Más si cabe en esta nueva ciudad donde no puede evitar el extrañamiento de lo que es diferente y de lo que se asemeja a su cotidianidad.

Entre las primeras visitas en su nueva ciudad, Sibila reserva una tarde para la Portrait Gallery. Desea allí observar, en otros y en las historias que en ese lugar se cuentan, cómo muchos humanos han representado la imagen del rostro en un momento y lugar determinados.

Al igual que la ciudad que lo acoge, el museo de retratos también es «imperial» y «capitalista», no solo en la retórica de sus formas y continentes, sino en los rostros que contiene, sobre todo rostros y poses de reyes, emperadores y personas que tuvieron o simbolizaron poder. Los que mandan escenifican un mando, y con seguridad tuvieron rostros arrugados y humanos, vulnerables como el de Sibila, pero en sus retratos como realeza parecen rostros siempre irreales, más representados que presentados, excesivamente limpios y artificiales; con esa perfección hoy democratizada por los filtros de editores de imágenes digitales y por los futuros biotecnológicos que nos esperan.

En su recorrido por este museo Sibila imagina vidas y sensaciones de las personas «no fotografiadas ni pintadas», aquellos que hacían de sombra y periferia fuera del marco que da visibilidad a aquellas representaciones. Pensó en personas de otras culturas o de otros tiempos, no globalizados. Pensó en los viejos de su pueblo cuando eran niños de la posguerra; en su padre, en sus años sin frecuentar espejos, sin haberse conocido. En personas que solo se vieron a sí mismas en el reflejo del agua o en los rasgos que suponen propios y vieron en la gente cercana... Verse en el otro no es como verse a uno mismo. Verse representado en una imagen no es como mirarse en un espejo.

El poder siempre ha necesitado imágenes. Y las imágenes del poder en Occidente casi siempre han venido de imágenes con rostro. Los retratos hablan de personas y hablan de épocas, pero ante todo hablan de poder. Hay veces en que la pose del retratado no importa tanto como identificar los rasgos que simbolicen su identidad en el grupo para perdurar en una imagen. Hay retratos donde los rostros no deben tener más expresión que la de un patrón o un esquema comprensible; no importa que no parezcan vivos, que parezcan demasiado tontos, o demasiado listos, o demasiado hermosos, o demasiado feos.

Ser un símbolo o simplemente «poder operar» como lugar al que mirar desde abajo es aquí una cuestión clave. Porque esos rostros son lugares como puntos en los que poner la mirada para recordar «quién manda», para pedir, para entornar los párpados ante los brillos y riquezas, ante la resignación y grandiosidad del mundo que quieren representar y que ubica en un orden. Se pregunta Sibila de qué manera las creaciones de ahora dejarán huella de las formas de poder dentro de décadas y siglos. Piensa en cómo los poderes que la precarizan están presentes en retratos como los que ella hace.

Toda época se retrata a sí misma por lo que enmarca y por lo que excluye. Toda representación ha supuesto selección y exclusión de la mirada. En la historia de Occidente ese poder de concentrar en la imagen estática un esencialismo político ha sido también prerrogativa de mitos y de religión. Porque realeza, políticos y religiosos han sido habitualmente quienes en este lado del mundo han tenido el privilegio del retrato. En algún momento también lo tuvieron científicos, creadores e intelectuales, por cuanto la cercanía al conocimiento ha estado mucho tiempo condicionada a la cercanía al poder de los recursos.

Hasta que, más recientemente, las tecnologías de uso cotidiano han ido promoviendo que la imagen propia no sea privilegio de nadie, que la representación (propia y del mundo) por fin se democratizara. Así, fue transgresor el momento en que las personas en sus núcleos familiares, y casi siempre recordando sus rituales (y el poder que los atraviesa), pudieron tener sus retratos. Sibila recuerda las paredes de la casa de sus padres –aún ahora apretadas de retratos de bodas y comuniones–, poco antes de que las imágenes se nos cayeran de los dedos en la vida digital.

En el museo que visita Sibila se exhiben también retratos de artistas hechos por ellos mismos, no los pies o las rodillas, siempre los rostros. Hubo una época en que solamente los artistas eran capaces de representarse visualmente a sí mismos, logrando una «imagen con marco» dispuesta a captar miradas. Hasta que la tecnología donó esta posibilidad de capturar y modificar la imagen propia y hacerla circular. La disponibilidad de teléfonos-cámara ha sido transgresora, pero no más que la posibilidad de hacer circular las fotografías mientras estamos conectados a la red.

En la actualidad el mundo es un directo de instantáneas y anuncios que conviven y se solapan; una gran sala expositiva donde resarcirnos –y nuestros antepasados en nosotros– de tantas imágenes perdidas, haciendo y enmarcando de manera apremiante y desbordada. Como efecto, en la erupción de este universo fotográfico, nuestras imágenes propias dibujan un régimen temporal distinto, el de las imágenes precarias.

Unidos todos los museos del mundo no serían capaces de contener las imágenes de hoy. Como si no pudieran o no quisieran ser observadas, sino solo ser proyectadas unos segundos para después pasar a archivarse cogidas de un hilo de nube digital. ¿No aspiran entonces a permanecer?

Como el tono desechable de lo precario, sujeto e imagen se hermanan y se parecen increíblemente en estos tiempos. A ambos les ha sido vetado el sueño de la estabilidad. Las fotos son hechas como los parpadeos, como las manos que se aprietan para señalar mira aquí, mira esto otro, mírame a mí y seguimos. Ese mirar caduco, más proceso que destino, del que queda archivo porque «miré» y «fui mirada». Cierto que, como las imágenes en la memoria, las digitales hoy permanecen en las memorias de los dispositivos y en los servidores, pero no siempre volvemos a ellas. En unos segundos habrá otras nuevas que nos harán olvidarlas.

Para sobrevivir al olvido cada foto debiera contener algo que la haga especial y en sus copias y circulación vivir más tiempo. Por ejemplo, ser valorada como foto de perfil, algo equivalente hoy a tener un marco que la haga merecedora de más miradas. Aquí las fotos suelen ser posadas, incluso cuando aparentan espontaneidad están elegidas entre muchas, a veces manipuladas. Hace tiempo que la foto se hizo *poshumana*.

Pocos comparten fotos en las que aparecen más feos o más torpes, a no ser que se ridiculicen a sí mismos, a no ser que haya en esa «diferencia» un guiño que quiera convertir esas fotos en algo a lo que interpelar. Esto acontece –y me interesa– en la obra de artistas feministas que visibilizan lo abyecto o que quieren desmontar un canon. Para ello ridiculizan o parodian las poses artificiales de, por ejemplo, estereotipadas formas de feminidad, anteponiendo la *presentación* frente a la *representación* del cuerpo, rompiendo el corsé y burlándose de las clásicas iconografías.

Como si las fotografías de sí mismas (y en ellas el ojo-máquina) quisieran detonar desde dentro el sujeto-objeto representado y fetichizado, el estereotipo, visibilizando justamente las imágenes que desecharía un fotógrafo profesional o alguna mediática *influencer* de moda en Instagram.

De momento es más fácil domesticar (editando) una imagen fotográfica que un vídeo. Lo estático siempre es más dócil y responde mejor a la demanda de imágenes propias que copian las de los modelos de influencia y canon en la actualidad. Porque ahora se busca impostar espontaneidad a lo que conlleva esfuerzo y montaje. Pero solo una vida solitaria y sin testigos offline podría resistir la impostura de la presión de producción estetizadora veinticuatro horas al día. «100 fotos intentando que mi barriga salga bien»,[1] decía Essena O'Neill, una joven modelo que abandonó y criticó públicamente la presión derivada de la vida en estas redes, después de ser una de las personas más seguidas en ellas.

Hace tiempo que los entusiastas se congelaron en fotos posadas que aparentan naturalidad, sintiendo que «todos lo hacen», que hay que hacerlo. Hace tiempo que los entusiastas viven al lado de sus imágenes y a pesar de ellas, porque la realidad es siempre insatisfactoria si la reducimos a imagen y cuerpo. Y quizá guste si la realidad observada es de los otros (mientras miramos sin ser vistos), pero dejarse ver uno mismo a menudo incomoda, genera presión por no identificarnos con esa imagen imperfecta que dice representarnos. No solo porque los cuerpos y rostros fotografiados nunca serán tan perfectos y hermosos como los de los *poshumanos* modelos –tan impecables como imposibles–, sino porque muchos de nosotros, al ver nuestras fotos, ni siquiera nos vemos mínimamente profundos, rara vez interesantes ni levemente singulares. La inconformidad con la propia imagen y la democratización de la creación de imagen propia han hecho que la edición del rostro y el cuerpo fotografiados se haya normalizado en este inicio de siglo. Hasta tal punto que la imagen no editada del cuerpo real se ha convertido en algo extraño, incluso antiguo. Ay, el cuerpo. Parece que al fondo... una voz... Roland (Barthes) exclama el deseo imposible: «¡Ah, si por lo menos la Fotografía pudiese darme un cuerpo neutro, anatómico, un cuerpo que no significase nada!»[2]

---

1. Citado en reportaje sobre Essena O'Neill, publicado en Cadena Ser, 28 de diciembre de 2016. Véase http://cadenaser.com/ser/2016/12/28/gente/1482925992_455790.html
2. Roland Barthes, *op. cit.*, p. 43.

V. Espacios y cuerpos, eso adjunto

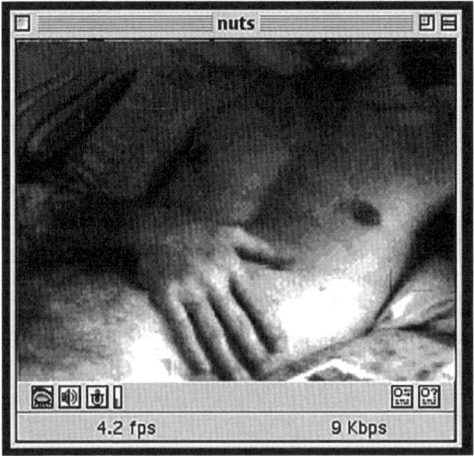

Es fácil olvidar que nosotros vamos adjuntos.

MARK S. MEADOWS,
*I, Avatar: The Culture and Consequences
of Having a Second Life*

1. LA VIDA MATERIAL DEL ENTUSIASTA

> En cierta manera, mi objetivo no es otro que resaltar lo obvio cuando lo más evidente se desvanece: hay formas de expresar y manifestar la precariedad que se imbrican de manera importante con la acción corporeizada y con formas de libertad expresiva.
>
> JUDITH BUTLER,
> *Cuerpos aliados y lucha política*

Sabemos que el cuerpo no es ilusorio como lo es el cuerpo dibujado en la pantalla, o muerto en la pantalla por un arma ilusoria. Sabemos que el cuerpo se eleva ligero cuando goza. Que cuando se entristece pesa como si arrastrara todo su desgaste pretérito pegado a los huesos. Los cuerpos envejecen en su materialidad como también envejecen sus sueños, como se encorva el alma frente al ordenador, fingiendo que finge que está cansada y buscando un mejor ángulo para hacerse píxel y volar.

Hiperproductivos, los entusiastas tienen cuerpo que rebosa carne y datos. Tienen cuerpos pero suelen vivirlos de manera inconforme, llevados al límite de cafeína, vitaminas y ansiolíticos, faltos de ejercicio y enfadados por no estar a la altura de los cuerpos ficticios hechos solo de píxeles.

Los viejos mitos sobre la creación humana tienen mucho que ver en la pervivencia de lecturas dicotómicas que diferencian mundo espiritual y mundo material. De manera que la creación en sus distintas formas pareciera haber mirado siempre hacia arriba, a un mundo etéreo y suave, habitualmente masculinizado y abstracto, liberado de las mundanas cosas de los cuerpos y el detritus de la vida cotidiana. Incluso cuando lo mundano era el tema, la escritura y la poesía parecían desencarnarse en palabras que pronunciando «sangre, sudor y semen» sonaban a palabra filtrada que dejaban abajo el olor y el tacto del sudor, la sangre o el semen.

Los cuerpos reclaman su derecho a la aparición y a la desaparición por cuanto el cuerpo está instalado en medio del campo político. Pero las condiciones de aparición desde la precariedad de los entusiastas conectados son condiciones peculiares. De un lado, sus condiciones económicas y sociales los hacen vulnerables; de otro, sus cuerpos están a menudo resguardados detrás de las pantallas.

En las actuales formas de creación confluye tanto el cuerpo pobre que come, habla o tiene frío como el cuerpo conectado y habitualmente solo, más estático y posicionado frente a dispositivos electrónicos. Es esta una precariedad cargada de aristas donde la materialidad del cuerpo se entrelaza con la tecnología y con espacios habitualmente pequeños, casas-habitación que se fugan e implosionan mundos a través de los ojos y las yemas de los dedos conectados.

Los cuerpos de los entusiastas pasan largas horas, largos días en sus cuartos conectados. Los plazos de entrega siempre son urgentes. Las noches de trabajo envidian a las máquinas, que no necesitan dormir como nosotros. La concentración de Sibila resiste con ayuda química y su subjetividad nunca se acostumbra a las bases de datos que intentan matarla. Ningún mensaje llega, salvo los que se buscan en las redes para dar algo de aliento afectivo. En el exceso de tiempo conectados, la saturación de lo virtual pareciera reclamar más materialidad, más cuerpo, señales de que alguien al otro lado nos pellizca o nos quiere.

Ante la dificultad, a veces imposibilidad, de estar con quienes desean, los entusiastas aprenden a abrazarse a solas, a sentir y desear a distancia. Porque en la red conformamos un mundo de miles, millones de personas habitualmente solas detrás de nuestras pantallas. Muchos como ustedes, como yo, en sus cuartos propios conectados. Puerta cerrada, conexión encendida y webcam puntualmente activada, en cuyo caso los cuerpos estarán preparados para ser vistos justo en el ángulo de visión que acoge la cámara, el resto del cuerpo (no visto) se derrama libre de miradas, sintiendo que en un futuro se hará más fluido y se mezclará tal vez con los cojines, el polvo y los muebles.

Sin embargo, me parece que la pregunta no sería ¿por qué los entusiastas se relacionan desde su casa pudiendo contactar con otros en persona? La pregunta sería ¿por qué salen de casa si cada vez más pueden trabajar, vivir, desear, crear y relacionarse con otros a través de las pantallas en sus habitaciones conectadas?

La soledad no es hoy lo que era. Incluso el individualismo no es lo mismo que antes de Internet. Frente al *egoísmo* de los humanos, caracterizado, decía Tocqueville, por un «amor apasionado y exagerado a sí mismos», llevando a referirse solo a sí y a preferirse a cualquier otro, el *individualismo* es un «sentimiento reflexionado y pacífico que cada ciudadano dispone para aislarse de la masa de sus semejantes y para retirarse a un lugar apartado».[1] La oportunidad de aislarnos sin sentirnos solos se hace viable en la red y será normalizada, con más o menos resistencia.

---

1. La cita completa dice así: «El *individualismo* es una expresión reciente provocada por el nacimiento de una idea nueva. Nuestros padres solo conocían el egoísmo. El egoísmo es un amor apasionado y exagerado a sí mismo, que lleva al hombre a referirse solo a sí mismo y a preferirse ante todo. El individualismo es un sentimiento reflexionado y pacífico que cada ciudadano dispone para aislarse de la masa de sus semejantes y para retirarse a un lugar apartado con su familia y sus amigos; de manera tal que, después de crearse así una pequeña sociedad según su gusto, de buena gana abandona la sociedad», Alexis de Tocqueville, *De la démocratie en Amérique*, citado en B. Arcand, *Antropología de la pornografía. El jaguar y el oso hormiguero*, Nueva Visión, Buenos Aires, 1991, p. 155.

Diferenciarnos de nuestros semejantes es parte de la contradicción de todo esto que nos lleva a mirarnos en los otros como necesidad de solidaridad y mundo social, y a huir de todo parecido que nos haga comunes, repetidos, no singulares. La necesidad de crear una pequeña sociedad a nuestro gusto (eligiendo amigos y personas cercanas) lleva a abandonar clásicos vínculos con la sociedad. Y no extraña hoy que, pudiendo vivir la vida social desde casa, muchas personas se encierren en ella; desde los niños neutralizados con juegos en sus dispositivos electrónicos hasta los adultos con sus redes sociales y derivas en mundos y juegos virtuales.

Abandonarse a lo virtual supone crearse un mundo donde el control es mucho mayor, sin riesgo de enfermedad, accidente, ni contagio. Sin rubor ni pudor ante lo que se está mirando (todo a nuestra disposición), ante lo que nos está mirando (todo escondido a voluntad). Con un margen de posproducción que permite que la imagen a compartir o publicar pueda ser filtrada y mejorada, llevada hacia el perverso reino del canon. Hasta el punto de que las «imágenes creadas del cuerpo» pueden paralizar no pocos encuentros físicos por miedo a decepcionar y a no encajar esas imágenes prefabricadas con las de los cuerpos materiales, siempre imperfectos y cargados de taras, tics e inseguridades. Esta vida retroalimenta la reclusión del cuerpo de los entusiastas en la casa conectada, allí donde siempre se puede pulsar este o aquel otro botón que nos permite salir, cambiar de programa, de red, de juego, de amigos; «salir sin demasiadas consecuencias», abrir, cerrar, abrir, cerrar, apagar, reiniciar.

Porque en la habitación conectada de cada cual el cuerpo se siente protegido de los peligros físicos (atentados, guerras, cambio climático, accidentes). Pero me parece que es ante todo que en el espacio íntimo nos sentimos más libres y por fin despojados de prejuicios y máscaras cotidianas. Porque nunca serán las muertes de los otros las que nos hagan abrir o cerrar las puertas, sino la manera en que la gente nos mira y acoge, o nos mira y nos desahucia. Quienes han sentido, como sugería Gombrowicz,[1] la sensación de empequeñecer delante de alguien saben de lo que estoy hablando. La pantalla parece liberarnos de todo esto pero no del todo. A poco que observemos nuestra vida online veremos que justamente es la pantalla la que también nos enseña, repetidamente, la tragedia y el conflicto, la normalización de imágenes de maltrato, muerte, humillación y violencia como las más habituales escenas cotidianas. Como si la sensación de seguridad de la habitación conectada respondiera (al menos parcialmente) a una importante dosis de miedo que la precede y la inflama; pero también de bloqueo ante la precariedad del mundo cercano y las noticias sobre el más lejano mundo exterior. Noticias que bien valdrían una movilización pero que (de momento) se resignan a activar efímeras y puntuales muestras online de *solidaridad de salón* (apoyar una campaña, compartir una publicación, sumar un *like...*).

Como contrapartida a nuestra vida en habitaciones conectadas, los cuerpos estáticos y fofos corren el riesgo de morir infartados por falta de ejercicio físico. No es trivial que recientemente llegaran miles de Pokémons animando a muchos a salir de casa para cazarlos, y, sin que se den cuenta, transitar las calles, volver a caminar, hacer algo de ejercicio, recuperar un cuerpo que se mueve. Pero cuidado, en este tránsito el mundo exterior llega a verse como otra cosa o «de otra manera». Allí donde a los viejos ojos, quizá con sus prótesis de gafas y lentillas, se superponen otras lentes, distintas para cada cual y capaces de hacernos ver estratos de semificción superpuestos en el mundo de las cosas. Pronto se asentarán estos mundos estimulando (aún más) la intervención

---

1. Witold Gombrowicz, *Ferdydurke*, Seix Barral, Barcelona, 2001.

en ellos, normalizando nuevas lentes que solapen la realidad material con otras formas de realidad (aumentada, reducida, extraordinaria, azul, que es gratis, de chocolate, gozosa...).

Ya no nos extraña que las personas que pasean se miren a través de la pantalla y que por tanto sea tan correcto decir «paseo contigo», que me acompañas, como «paseo contigo», con quien estoy conectada. Sin embargo, a este giro argumental de la presencialidad se suma la modificación de los escenarios ahora susceptibles de ser ambos reales y virtuales al mismo tiempo. De forma que pronto, en lugar de mirar pantallas o mundo real, podremos llegar a mirar «el mundo a través de la pantalla», porque esta funcionará también como lente que nos dejará ver esa plaza o ese edificio como una imagen implementada y diferente.

La capa del juego es la primera de muchas que llegarán y nos permitirán ajustar todo lo que nuestra cabeza desea (ese lugar o tiempo al que ir, ese monumento que visitar, esa fantasía con la que convivir...), proyectándolo a una ciudad aumentada como escenario real-virtual, pero también a un espacio demasiado reducido como las casas de ahora, que ante la imposibilidad material de crecer solo pueden ampliarse en lo virtual.

Es difícil dejar de soñar. Y me pregunto si sabremos entonces diferenciar las oportunidades de vida que esto conlleva de los sucedáneos a bajo precio. Sucedáneos que quizá se proporcionarán para calmar los deseos de pobres y entusiastas privados de mundos materiales y experiencia en ellos.

Para Sibila, que crea (o que creaba), la sofisticación del mundo es un aliciente creativo y vital. Pero en cierta forma envidia la capacidad de seducción rápida que ejercen los entornos lúdicos más inmersivos frente a la lentitud y exigencia de su tiempo cuando crea. Ese capaz de liberar la pasión muy despacio, como hilos de aceite. Y ella siente que, cuando la concentración habita la casa, todo a su alrededor se vuelve pegajoso y envolvente, como si esos hilos de aceite impregnaran suelo y carne y el espacio de su casa-habitación se hiciera algo orgánico, donde máquina y cuerpo se engarzan para ayudarla a profundizar en esa obra, que le entusiasma de veras.

2. LAS HABITACIONES DE SIBILA

Una habitación es capaz de hablar de la época y del poder porque en ella pueden configurarse determinados tipos de vida y no otros. La actualidad del espíritu nunca afirmaría que la materialidad de los espacios es insustancial. Las casas-habitación y las madrigueras hechas de raíces, píxeles o cables fabrican vidas muy diferentes.

Las casas de los entusiastas son habitaciones casi siempre urbanas que condensan la subsistencia material y amplían la vida en las pantallas. Y esto lo afirma la habitación al abrir y cerrar esa puerta, esa ventana. Sin ellas estaríamos ya ciegos de no parpadear.

Desde su nueva ciudad Sibila descansa los ojos mirando a través de la ventana. El exterior de su habitación es diferente, pero el interior (si ella fuera mirada) es asombrosamente parecido a las habitaciones en las que en los últimos tiempos ha vivido. Pequeños cuartos contiguos a muchos otros, como repetidos.

La habitación a la que llama casa o apartamento cuando habla por teléfono con sus padres es una versión miniaturizada de la ya reducida que tiene alquilada en su ciudad habitual. Allí donde se ha convertido en una emigrante, mientras aquí la miran y acogen como inmigrante. Y aunque las palabras con que la nombran a un lado u otro causan heridas o roces en su cuerpo, ella se siente terriblemente parecida aquí y allá.

En todos los habitáculos donde Sibila ha vivido últimamente hay una cama y un sillón almohadillado para pasar largas horas trabajando frente al ordenador; una ventana cercana que le permite enfocar en un punto algo más lejano que la nevera de enfrente y una mesa junto al sillón.

El espacio de estas casas-habitación es incondicionalmente pequeño, pero el edificio suele estar bien comunicado. Los muros que separan las casas, como celdas dentro del mismo edificio, parecen delgados, tanto como para que los vecinos (probablemente también entusiastas como ella) se hagan muy presentes, rara vez visibles, pero sí audibles.

Unidas y vistas de lejos, estas celdas repetidas y en miniatura son penetradas por un ojo filtrado y multiplicado en miles de pantallas, frontalmente o desde arriba recordarían la distribución de un nuevo panóptico, ahora no centralizado sino enlazado en modo «red».

Estos mínimos apartamentos llamados estudios contienen un mundo material antes desplegado en cocinas, salón, pasillos, dormitorios, baños, despensa y jardín, y concentran en pocos metros todas las funciones de antes, obviando o dibujando las prescindibles en cuadros enmarcados. En ellos habitualmente se representan exteriores o casas completas. Cuadros que los caseros colocan encima de la cama para crear una mínima ilusión de apertura. Como si, llevado por la tendencia a incorporar pantallas, al dormir, el cuadro operara como una y permitiera desfogar el deseo corporal de estirar las piernas y transitar por un pasillo interminable, un patio con árboles o un desván, activados en ese póster con paspartú.

Los cuartos que habitan los entusiastas parecen presuponer —y en su biopolítica «crean» lo que presuponen— que o bien sus habitantes estarán fuera todo el día o que los que allí trabajan no van a levantarse del sillón y vivirán del sillón a la cama, de la cama al baño y del baño al sillón.

Como muchos entusiastas, Sibila piensa que sería bueno para su cuerpo salir un rato de casa y ejercitarlo. En algún momento incluso valoró visitar un gimnasio y recuperar en él la movilidad perdida. Sin embargo, acostumbrada a tiempos productivos, la sensación de no estar aprovechando sus días, la dificultad de pagarlo, la pereza de un cuerpo ya habituado a un ritmo eminentemente digital, hizo que todos sus intentos fracasaran. Como plan B, Sibila siempre se propone recuperar los paseos. Lo hará, tal vez, algún día. Salir de casa y moverse; volver a transitar por espacios físicos sin tener que «ir» a algún sitio. Puede que más adelante.

Una mujer sentada

«Quizá he volado demasiado lejos», se dice Sibila antes de agitar su cabeza y recuperar la noción de la realidad. Toma entonces conciencia de su espalda encorvada hacia la mesa, sus nalgas aplastadas sobre el asiento de la silla y la yema de uno de sus dedos índice apoyada sobre una tecla, «punto», creo.

Habituada a la vida en una habitación, cada capítulo de sus días podría comenzar y finalizar con un «érase una mujer sentada». La casa convertida más en panel de mandos y menos en habitación le permite activar cosas con su cuerpo, levemente desplazado y vuelto a la silla. Girándose puede llegar a la mininevera y coger agua, y estirándose alcanzar el armario; puede llegar a la pequeña estantería donde almacena libros y ubica el cargador. Desde la silla puede agarrar la sudadera de la percha de la puerta o alcanzar el rollo de papel de la cocina, abrir y cerrar la ventana.

A Sibila le duele el cuerpo pero no se queja porque anda todo el día pensando en el trabajo. Desde que terminó su tesis, cree que está más cerca de una oportunidad laboral que pueda proporcionarle algo de estabilidad, pero la cosa no apunta bien. Ya pasó tres años como profesora asociada y dedicada a incrementar su currículum, dos años como contratada en prácticas en una institución cultural y en estos momentos compagina su beca no pagada y pequeños trabajos de edición y crítica como autónoma con una estancia en el extranjero. De ella espera que surja un trabajo allí o aquí, con tiempo para retomar su pasión. No la olvida.

Sibila ha logrado combinar la pequeña ayuda económica para esta estancia con la beca de una fundación que le financia un máster online. Ellos se ocupan de pagarle la matrícula a cambio de que Sibila (allí donde se encuentre) haga un trabajo diario de atención a los estudiantes, respondiendo consultas y animando (como buena entusiasta) los foros de debate online. A ello dedica parte de la noche. En ocasiones también debe organizar seminarios o talleres para ese máster e invitar a conferenciantes entusiastas a los que la fundación ofrece unos honorarios simbólicos y a los que Sibila suele recibir, invitar y acompañar durante sus charlas.

Sibila no cobra por esta beca, incluso paga de su bolsillo algunos gastos derivados de los seminarios que organiza y los viajes a la ciudad donde está la sede de la fundación. Fundación y máster son mantenidos por un pequeño grupo de profesores interinos y un gran grupo de becarios y estudiantes en prácticas que trabajan también sin remuneración, y a los que reparte tareas el gerente y los coordinadores de la fundación. Sibila debe viajar a verlos cada dos meses pero rara vez los encuentra. Casi siempre termina reuniéndose con mediadores y becarios. Sibila cree que esto podría hacerse online, que le facilitaría mucho las cosas, pero en las dos ocasiones que ha visto a los coordinadores le insisten que es importante que el encuentro sea presencial. Es entonces cuando aprovechan para sonreír mucho a Sibila, apretar su mano y mantener activa su esperanza en que de la beca se derivará un trabajo futuro. Sibila no quiere decir nada por temor a que no se la mantengan el curso próximo, y tener que pagar ella el segundo año de máster que le proporcionará un nuevo título.

Como entusiasta ejemplar, Sibila pocas veces se queja a sus compañeros o jefes, Sibila practica un «cruel optimismo» que se traduce en miedo permanente, en un «sonreír y dar las gracias». Después de lo hecho y lo vivido, hay que mirar hacia delante, se dice. Quizá por ello todos están encantados con Sibila. Su disposición la hace recibir periódicamente halagos y esperanza sobre un posible prometedor futuro. Ella finge agarrarse a esa «posibilidad» sin dejar ver que desconfía y pensando ya en un plan B por si falla este, en un C y hasta en un D, porque las cosas no están claras.

Entre un trabajo y otro, deriva por las redes y buscadores confiando en encontrar nuevas convocatorias como parte de esos otros planes alternativos. Es verdad que todas estas convocatorias a las que se presenta terminan por robarle más tiempo y no le ofrecen opciones reales. Como cuando le comunicaron que había obtenido la semibeca para esta estancia de investigación. Sibila no podía dejar de valorar su mérito. No fue fácil culminar la compleja solicitud, lograr permisos y cartas de invitación, traducir textos, planificar el proyecto, dedicando días y horas. Fue duro competir con decenas de personas. Después del enorme esfuerzo, Sibila se reclama a sí misma el derecho a alegrarse. Por eso, nada más obtenerla miraba a cada rato la noticia y la compartía en sus redes sociales. Con el afecto de personas que no conocía, Sibila fue tirando horas, o incluso días.

La casa que fue de un rico

¿Dónde está la medida sin ambages de este reparto? ¿Dónde el límite visible espacio-precio de un humano? Con seguridad, en el pasado el edificio que ahora habita Sibila debió de ser la casa de una sola familia, una familia probablemente rica. Sin embargo, donde antes vivía un rico ahora viven treinta entusiastas pobres. Cada uno en un estudio del tamaño de una chincheta, solo diferenciados por detalles como tener un metro y medio cuadrado más y un par de cuadros. En cuyo caso el estudio es llamado *Deluxe* y facturado por noventa euros más que el estándar.

Sibila recibe una pequeña ayuda para el primer mes de alojamiento en esta nueva casa-habitación en el extranjero. La ayuda justifica su cuantía apoyándose en una tabla de hace veinte años, cuando vivir en esa ciudad valía diez veces menos, pero nadie atendió la queja de Sibila.

Inevitablemente piensa en todas las pequeñas casas en las que ha vivido en los últimos años. Desde que Sibila pasa de los treinta o quizá de los cuarenta, se ha negado a compartir piso. Cree que ya tiene una edad y prefiere ceder en el tamaño y no en su intimidad. Por eso elige casas-estudio que aun siendo minúsculas le permitan vivir sola.

Hasta hace poco los barrios donde ha vivido en su país estaban en el centro, pero desde que los viejos pisos reformados son ofertados solo a turistas, las casas-habitación de Sibila ni ocupan el centro ni tan siquiera están en su órbita. El mundo globalizado funciona así, pues formalmente ha encontrado algo muy parecido en esta nueva ciudad, pero muchísimo más caro y algo más pequeño. Piensa Sibila que al dar a una avenida podrá mirar por esa otra ventana.

En su primera visita, antes de pagar un adelanto y hacer el contrato, Sibila olvidó comprobar si la ventana cerraba bien y si los cristales tenían el grosor de un folio o de un cristal. Pasó que eran muy delgados, que no cerraban bien y que el tráfico de la avenida es absolutamente infernal. Tanto como el ruido de las ambulancias, las sirenas de los coches de policía y los simpáticos y carísimos vehículos de lujo (de dos o cuatro ruedas) que los encantadores y educados jóvenes ricos hacen sonar como bestias al llegar al cruce de calles donde vive Sibila.

Pensó que terminaría por acostumbrarse, como se acostumbraría a pagar el disparatado alquiler mensual que debía aceptar porque era el más barato. Ya le parecía inasumible la cantidad tres veces menor que pagaba por el alquiler en su país, más la comunidad, la electricidad y el teléfono. Contando que podía conseguir unos mil euros mensuales con contratos temporales y proyectos, su alimentación debía reducirse a ofertas y colesterol.

Esta nueva ciudad presumía de dar más oportunidades, pero de momento lo que «más» sentía Sibila era miedo. Y como suele pasar en estos casos, habitar algo parecido a un hogar ayuda a calmar temores. Para reforzar esta sensación, Sibila siempre movía la cama de los cuartos que habitaba hacia la pared. Eso le permitía tumbarse y hacer que camina por ella. Ejercitar las piernas aunque sea en vertical. Porque le hubiera gustado a Sibila una vida sin gravedad para distanciarse de las taras de las identidades, los espacios y el dinero.

(No) Ser de un lugar

Quizá ahora podría enamorarse de árboles más nobles y esbeltos, en calles más nobles y elevadas, con raíces más nobles que las que esperan cada otoño un sombrero de rodillas, pero difícilmente su mano con boli se contiene ante un papel en blanco para dibujar algo distinto a un olivo con raíces al aire. Un olivo con raíces como alas. Costaba subirlo mentalmente al aire y hacerlo volar, pero dibujarlo sobre un fondo blanco era fácil. También lo era proyectar su futuro sobre el papel, estando su pensamiento en aquello que abandonaba. Ese irse y no irse que no culmina, y se amontona y vuela como polvo en la tierra, es un estado habitual de los entusiastas que emigran.

Sibila siempre estaba aquí y allí. Y no solo de manera sentimental, también en sus cálculos económicos y vitales. No era para menos, pues la vida en esta nueva ciudad es mucho más cara y Sibila anda temerosa de si por respirar más profundamente alguien llamará su atención y le cobrará un suplemento. No solo por la atroz contaminación de sus calles, sino porque no hay cosa allí que no cueste dinero. Alejada del futuro utópico que algunos vislumbraron en este lugar en el pasado, hoy pareciera congregar durumente las feroces contradicciones del capital.

No entiende Sibila cómo por mucho tiempo ha tenido tan idealizada esta ciudad que ahora mira con recelo a quienes allí viajan o emigran. Todos sabemos que es posible amar una ciudad sin que esa ciudad te corresponda y sin que muchas cosas en ella te gusten. Es la imagen de las cosas y no las cosas lo que amamos, los estratos seleccionados que nos atraen. Lo que realmente son y lo que desean es algo distinto. Hay cosas y lugares que son el ratón y que nos convierten en una suerte humanizada de *Krazy Kat*. Sibila siente algo así por esta ciudad en cuyas bibliotecas tanto tiempo habitó en el pasado.

De pequeña Sibila, cuando aún vivía en su pueblo, soñaba con llegar aquí. Hay deseos que movilizan, pero también logros que frustran. De niña visualizaba esta ciudad como algo muy distinto a su tribu, donde una única cultura, casi *dividual,* ataba a toda la comunidad como un mismo organismo, de forma que todos en su franja de edad se parecían enormemente, no solo en los cuerpos, también en las ropas y en los nombres.

En la ciudad de ahora sin embargo Sibila esperaba encontrar las calles salteadas de gente muy diferente pero integrada (diversidad de cuerpos, acentos, géneros, culturas, sexualidades, estéticas...). Y esto encontró en sus viajes de hace años. Pero lo de ahora tumba su expectativa, porque allí las categorías a ser también aprietan, conformando a las culturas y grupos en comunidades que viven en los mismos barrios y pasean juntas sin mezclarse visiblemente. Demasiado viaje para ver que el rico prefiere juntarse con el rico, el musulmán con el musulmán, y los del sur con otros sureños.

La ciudad donde ahora habita es uno de los grandes vórtices del capitalismo y el saber, y está llena de claves dispares de época, de diversidad y guetos; de oportunidades para la imaginación y de dinero contaminante; de apabullantes archivos de ciencia y pasado; de poesía condensada; de multitudes de personas juntas pero solas; de turistas que rebosan los itinerarios; de mujeres con burka que solo hablan entre ellas; de ancianos, enfermos y ciegos que apenas se dejan ver; y, hoy, de sobrecualificados camareros y cuidadoras con acento del sur que pasado un tiempo quieren «volver».

Entretanto la maquinaria funciona y produce, queriendo apagar la hostilidad del exilio. Un aliento de inconformidad que sale como ternura inevitable cuando Sibila ve a los recién llegados (como se vería a ella) desde la ventana echarse el disfraz encima del cuerpo, hablando por sus teléfonos con acentos distintos y saliendo a trabajar por una acera de alambre. Queriendo concentrarse en ese alambre, sintiendo que en algún extremo se engancha muy, más, al sur.

Ahora que Sibila está fuera de su país, ella siente que habita en algún lugar intermedio, en algún limbo donde estar fuera o dentro es algo que acontece al mismo tiempo. La sensación le resulta familiar desde que abandonó su tribu (pero no del todo) hace muchos años. Ahora este difuminar de estar y no estar a la vez es atravesado además por su desubicación laboral. Una mala (di)solución que (ella siente) amenaza con hacerla desaparecer.

3. FRÁGILES PSICOESFERAS O EL SEÑOR SPINGEL TRABAJA EN CASA

No se puede afirmar que el señor Spingel es alto o es bajo porque no lo es todo el tiempo. Cuando Sibila lo conoció era pequeño. Sibila tuvo que agacharse forzadamente para mirarle a los ojos, pensando que así lo haría sentirse mejor en su extremo y minúsculo tamaño. Spingel salía de una clase y fue empequeñeciéndose a lo largo del pasillo, en cuyo extremo opuesto estaba Sibila esperándole. Tímido, muy tímido, el señor Spingel es el profesor que hace el seguimiento de la estancia de investigación de Sibila.

Varios minutos tardó en recuperar un tamaño humano una vez que eligieron mesa en el comedor de la universidad. Lo logró al volver del mostrador donde buscaba servilletas y kétchup para la insípida comida de *chicken & chips* que ambos compartieron. Al regresar a la mesa el señor Spingel ya tenía un tamaño similar al de Sibila, incluso diría que algo mayor.

En aquel momento Sibila no supo si este era su límite, pero quedó impresionada por su facultad de mutar tan rápidamente. Sibila comprendió por qué el señor Spingel siempre prefiere contactar online. A diferencia de las personas, la videocámara no le provoca esta reacción y en toda webconferencia es capaz de mantener un tamaño estable.

Spingel trabaja habitualmente en casa y ha hecho una

propuesta a su departamento para poder impartir desde allí sus clases, único vínculo y requerimiento material que aún le obliga a visitar las instalaciones de la universidad. Spingel ve claro que en el futuro nadie dudará de que trabajo es «aquello que se hace» y no «el lugar donde presuponemos que se hace». Él sueña con vivir lo suficiente para que dejen de obligarle a visitar la universidad con su cuerpo mutante y su frágil psicoesfera.

El señor Spingel tiene fama de ser muy eficaz en su trabajo. Las personas más inteligentes de la universidad siempre le piden consejo y a ellas suele dedicar varias horas del día frente al ordenador. Su cuidadosa atención a los estudiantes e investigadores ha sido reconocida con mensajes del rector y condecoraciones varias, pues es asombrosamente rápido y eficiente en sus contestaciones online. Entregado a la investigación con pasión entusiasta y ganándose al alumnado con una extrema atención personalizada online, intenta convencer a sus jefes para que apuesten sin complejos por la educación a distancia, más justa e igualitaria para los estudiantes sin recursos, más sostenible para el planeta, más vivible para alguien como él.

Para ello el señor Spingel lleva años ideando cursos masivos online *(Massive Online Open Courses)* en los que graba en vídeo brillantísimas disertaciones sobre los temas que le apasionan y que prepara con la paciencia y trabajo de un artesano. El señor Spingel es un ejemplo de entusiasta capaz de empobrecer por su pasión. Hasta la fecha el señor Spingel no ha cobrado un euro por ese trabajo que ha acrecentado el prestigio de su universidad, y del que en estos tres últimos años se han beneficiado miles de personas matriculadas de todo el mundo. Trabajo por el que sí se está lucrando la fundación del banco que acoge la plataforma virtual, cobrando por los baratos certificados que en grandes cantidades le proporcionan masivos beneficios sin ningún esfuerzo, salvo el de Spingel, que con su vocación ya cobra, ya come, ya le basta.

Los que mandan en la universidad pasan por alto esta aportación del señor Spingel. Prefieren mirar a los cientos de estudiantes de las clases presenciales de la ciudad y sus alrededores, antes que a los miles, que pronto serán cientos de miles de todo el planeta, que siguen las clases virtuales del profesor Spingel.

Como parte de las concesiones que el profesor debe hacer para lograr que los compañeros le sustituyan en sus clases presenciales, este curso ha aceptado atender a los investigadores que visitan la universidad, por eso ha invitado a comer a Sibila y pronto le enseñará el campus y las instalaciones.

Bien pensado, el intercambio no es del todo bueno para una personalidad como la de Spingel. En el paseo por el campus debe saludar a muchas personas de las que Sibila deduce su relación al ver cómo se agiganta o cómo se achica perdiéndose entre los arbustos.

Pero también en la clase su tamaño cambia en función de las intervenciones de los estudiantes, de sus posibles risas y de los cuchicheos de quienes se sientan al fondo, junto a la ventana. Todos los estudiantes van ya prevenidos a sus clases, y salvo algún desalmado que lo pone a prueba con intención de mofarse, grabándole en vídeo, la mayoría le trata con cariño y ve normal que crezca o se haga pequeño a cada rato.

Spingel habla del tema con normalidad y esto le ayuda a regular su tamaño humano. Cuenta que está gestionando la solicitud que le permitirá que un tribunal médico valore su grado de discapacidad, grado que él prefiere denominar «de diferencia». Sin embargo, tiene muchos problemas porque su enfermedad no aparece en ningún catálogo de enfermedades, y las bases de datos digitales que le permitirían enviar su solicitud de reconocimiento de «incapacidad laboral presencial» se quedan bloqueadas si no señala la opción correcta.

Ninguna persona del ámbito científico sabe tanto de la peculiaridad del señor Spingel como él mismo. Sabe que los estudiantes le afectan porque son estudiantes, los compañeros porque son compañeros y los familiares porque lo son. Cuando pienso en el señor Spingel siempre recuerdo aquella subjetividad *dividual* de la que hablaba Lévinas[1] y que se hace dependiente de las personas que tenemos enfrente; una subjetividad que se ve culminada siempre «en el otro», explicando cómo somos capaces de convertirnos en alguien muy diferente si estamos frente a, por ejemplo, un niño pequeño, nuestro padre o una compañera de trabajo.

El caso es que como el señor Spingel no tenía amigos que le hicieran sentirse como en casa y le ayudaran a estabilizar su tamaño, siempre estaba agrandando o empequeñeciendo. Siempre salvo cuando estaba solo, porque solo él mismo conectado le hacía sentirse como en casa.

Uno de los argumentos que esgrime el profesor para solicitar que le reconozcan un grado de discapacidad para la vida presencial es que los demás siempre tienen información añadida de su estado de ánimo cuando le encuentran cara a cara. De forma que su autoestima se hace vulnerable frente a ellos, sabiendo que ellos saben de la mayor o menor seguridad y autoconfianza que le provoca la interacción en distintas situaciones y con otras personas. Esto hacía sentirse poderosos a sus interlocutores, de forma que se retrataban cuando iban a buscarle y abusaban de su inseguridad pidiéndole favores si estaba pequeño o rechazando verle cuando estaba crecido.

Si el entusiasta de Spingel llegara a controlar su tamaño podría ser él quien manipulara a la gente previendo lo que de él buscaban, pero no era el caso. Los días de terapia no

---

1. Emmanuel Lévinas, *Totalidad e infinito. Ensayo sobre la exterioridad*, Sígueme, Salamanca, 1977, p. 89.

funcionaron con el señor Spingel, que crecía y menguaba según timidez e interlocutor, como si sus huesos se plegaran elásticos y sin crujidos y sus órganos se comprimieran a la velocidad a la que los demás solo nos ruborizamos o bajamos levemente la mirada. Este profesor despertó en Sibila una tierna simpatía. Probablemente porque, sin exteriorizarlo de manera evidente, Sibila presentía que su devenir sería con suerte parecido al de Spingel.

4. SUJETOS ENCARNADOS. ¿TIENE CUERPO UN CIENTÍFICO?

> Un hombre que lee, o que piensa o que calcula, pertenece a la especie y no al sexo; en sus mejores momentos, escapa incluso a lo humano.
>
> MARGUERITE YOURCENAR,
> *Memorias de Adriano*

Una espesa arboleda con flores junto a un negruzco acantilado aparentemente vacío. Nos enseñan que lo oscuro, como la ausencia, no es merecedor de mirada. En la cultura occidental, en el conflicto de abstracción y subjetivación de la masculinidad (equiparada con la humanidad) los hombres han dejado en el camino oscuro del acantilado su «corporeidad». Y me pregunto: ¿tiene cuerpo un escritor o un científico?

En el trance de conformación identitaria de las mujeres, la pérdida ha sido otra. Estas han sido despojadas de subjetividad. La arboleda es su cuerpo, su materialidad, objeto de la mirada, y en el negruzco acantilado su histórica negación estructural es el sujeto. Como consecuencia, su ausencia, pongamos entre otras, en el saber archivado y en la ciencia.

Aún hoy el escrutinio de las mujeres orbita siempre alrededor de su cuerpo y su imagen. Su consideración en cualquier ámbito público sigue yendo precedida de «una imagen sobre la que opinar», un cuerpo sobre el que tomar partido. El pasado no ayuda sino como ejemplo de rechazo, pues la presentación de las mujeres en los trabajos y ámbitos del saber, la creación y la ciencia ha ido adelantada de su presentación en relación con un hombre (esposa, hija, madre, hermana o amiga), mientras que la producción de los hombres parecía hecha por seres que no tenían ni cuerpo ni vida privada.

A poco que buceemos en las historias de las creadoras en el pasado veremos que muchas no han dispuesto del contexto para firmar sus trabajos, que «anónimo ha sido nombre de mujer». Que algunas han utilizado iniciales o seudónimos, que sus obras han sido apropiadas por familiares o parejas y que en determinadas culturas tener varios apellidos (primero el del padre, después el del marido...) ha sido asemejado a no tener ninguno. También ser presentadas como esposas, amantes o amigas de un hombre ha sido una contundente forma de neutralización como creadoras. «Ser de» alguien no es lo mismo que «ser».

Pienso que estas dificultades han operado como variantes de formas de desaparición y vulnerabilidad para las mujeres creadoras. Modos que diluyen un efecto de permanencia e imposibilitan una existencia escrita clara, atendiendo a unos criterios de prestigio y valor que han primado una tradición, un saber, un poder y una autoría con nombre masculino, por defecto desprovistos de cuerpo y sexo. Nombres que han flotado en la abstracción que otorga «lo humano».

No es extraño que en la época de la precariedad entusiasta y las pantallas especulemos sobre cómo la creación desde la materialidad del sujeto se enfrenta en distintos grados a la presentación y difuminado del cuerpo. Si el mundo en red implica una vida mediada, pero también un mundo más horizontal donde todos somos productores de imaginario, entonces, ¿sería hoy más fácil desmontar los prejuicios sobre los que se construyen las desigualdades y exclusiones apoyadas en los cuerpos y sus imágenes?

Esta reflexión no apuntaría a un salto místico que nos iguale liberándonos del cuerpo, sino a oportunidades que nos permitan modificar la significación de los atributos del cuerpo. De un lado, subjetivando a las mujeres y evitando esa antelación corporal que las presenta; de otro, encarnando a los sujetos desprovistos simbólicamente de cuerpo y de género.

Las pantallas como vestido o piel no solo nos visten, sino que suman complejidad a la vida de ahora. Y me parece que estas posibilidades de modificar o invisibilizar el cuerpo nos susurran cosas al oído. Este asunto tiene una lectura de profundo calado político, porque nos permite imaginar nuevas y más radicales formas de vida que no vendrían a sustituir sino a ampliar las actuales.

Hoy la época se caracteriza por la convivencia de diversas posiciones materialistas y simbólicas sobre el cuerpo anunciadas, entre otras, por la biotecnología, la cibernética y la ciencia ficción. De una parte, la desmaterialización generada por la interfaz como mediadora del cuerpo físico y, en consecuencia, la proliferación de agentes como perfiles, avatares e imágenes del cuerpo que, de momento, refuerzan el poder del imaginario visual y sus estereotipos. De otra, la saturación de su imagen corporal y la demanda de su intervención, su culto.

Como lugar común, la manipulación del cuerpo y de la imagen del cuerpo, donde biotecnología y diseño como ingenierías contemporáneas dan respuesta a los cuerpos inconformes pudiéndolos transformar física y visualmente. En el cotidiano ejercicio de este cambio se va asentando una era *poscuerpo,* pero no está claro que esta deriva esté siendo más emancipadora.

Superar los lastres derivados de esta tendencia ha sido uno de los retos feministas en la Internet de las últimas décadas. Reto que no puede entenderse sin un marco de significado mayor donde observamos cómo las condiciones de relación y deseo han sido (están siendo) desiguales para las mujeres. Entre otras cosas, porque sus imágenes siguen siendo objeto de negocio y especulación, coartando su libertad (y también su deseo).

Esperanzadas en la interfaz como dispositivo subjetivo liberador, en el feminismo tardamos un tiempo en descubrir que la liberación en Internet no vendría de la apariencia sino de la «alianza». Tardamos, pues desde los primeros años de la red predominó el espejismo de liberación tecnológica. De ello hablaban un grupo de jóvenes artistas australianas que infiltró un interesante discurso de resistencia frente al ya dominante de los sistemas informáticos. Su infiltración tenía forma de manifiestos, acciones e iconografías paródicas, cibereróticas y críticas que querían sabotear al «gran papá unidad central de computadora»[1] y que aún hoy inspira posicionamientos subversivos en la *cultura-red*.

Una fresquísima impertinencia de herencia ciberpunk caracterizó las formas de estas chicas precarias que no escondían sus deseos; amantes del sexo y la masturbación y aburridas del mundo, decidieron burlarse y criticar la homogeneidad del poder tecnológico sin caer en victimismos. Con referencias a la obra de Donna Haraway e inspiradas por la necesidad de idear «nuevas figuraciones», estas artistas feministas crearon una pequeña corporación llamada Venus Matrix capaz de sintonizar con lo que estaba pasando en distintas partes del mundo. Decían:

[...] somos el virus del nuevo desorden mundial / reventando lo simbólico desde dentro / [...] / el clítoris es una línea directa a la matriz / [...] / terminators del código moral / [...] / chupando el altar de la abyección / [...] / infiltrando, perturbando, diseminando / corrompiendo el discurso.[2]

1. VNS Matrix, *Manifiesto de la Zorra / Mutante,* 1996: http://vnsmatrix.net/100-2/
2. *Ibidem.*

Herederas de estas formas, materializadas en nuevas líneas de acción feminista, creo que la precariedad contemporánea en los ámbitos de la cultura guarda sintonía con su crítica paródica. Entre otras razones porque en la precariedad siempre nace el feminismo. Basta que los sujetos precarios se vean a sí mismos y se pregunten ¿en qué nos parecemos?, ¿por qué nos parecemos? Con el espejo de la conciencia, las mujeres se observan entre ellas y miran cómo les ha mirado el mundo. Lo que de ello se deduce, lo que trasciende, lo que se oculta.

Las iconografías ciberfeministas recuerdan el simbolismo que determinadas imágenes del cuerpo de la mujer adquieren en la *cultura-red*. Mientras, mujeres como Sibila observan la desfachatez con que en las redes se censuran estas imágenes, rechazando fotos de sus vulvas expuestas, las manchas de sangre de sus menstruaciones, sus cuerpos sin depilar, sus pechos caídos después de amamantar o amamantando. Todas esas imágenes son prohibidas en muchas redes por abyectas, mientras que de manera continuada los iconos de masas recientes (estrellas del pop y *celebrities)* muestran en estos mismos lugares sus aplaudidos cuerpos sensuales y desnudos, siempre que estén bien sincronizados con la mirada de un determinado tipo de deseo, rentable para el capitalismo, leal al patriarcado. Como sugería Nancy Huston, «no es tanto que ustedes tomen a sus deseos por la realidad, es más bien que sus deseos se vuelven nuestra realidad».[1]

Llama la atención que, en un mundo transparente en la exhibición mediática de los cuerpos e intimidades, la censura siga orientándose a vulvas, coños o vaginas, pechos y pelos cuando se exhiben libremente. Parece que hay cosas que tanto atraen como horrorizan. Atraen cuando están domestica-

---

1. N. Huston, *Le masculin: Le genre humain, 10,* citado en Bernard Arcand, *Antropología de la pornografía. El jaguar y el oso hormiguero.* Nueva Visión, Buenos Aires, 1991.

das y horrorizan cuando se presentan libres, por iniciativa propia. La precariedad siempre tiene cuerpo y a menudo tiene vulva. Incluso la precariedad tecnológica tiene matriz subversiva, capaz de infiltrarse, paródica, en la red, sin pudor por responder a quienes les subordinan que les «chupen el código».[1]

La precariedad contemporánea saca a pasear «vulvas» y las procesiona sin miedo. Se hacen llamar de muchas maneras. Una de ellas: «Santo Coño Insumiso». Sibila ha estado allí, bajo una tela sin capirote que escondía su rostro de siempre, portando una vulva gigante sobre unas pequeñas andas. Y por mucho que algunos se digan: «Una vulva es muy peligrosa», y lo repitan dos, tres y hasta cuatro veces, la posición de la crítica no puede ser diluida. Importa. Importa que la crítica paródica se haga desde quienes denuncian formas de opresión. Y no, no es lo mismo la broma o chanza desde el púlpito y el poder que la parodia desde quien se sabe oprimido.

Si hasta hace poco el feminismo se valía de la crítica paródica localizándola en el museo o entre un grupo de afines, lleva ya tiempo saliendo a la calle, publicándose en libros, habitando universidades y juzgados, las plazas y la vida cotidiana, latiendo como posiblemente la gran revolución del siglo XX y del siglo que empieza.

La estigmatización de los genitales de la mujer sigue recordando en algo la época de caza de brujas y la Inquisición; la *vagina dentata* y el *Malleus Maleficarum,* que a tantas mujeres curanderas o que ayudaban a practicar abortos llevaron a la hoguera. Y el pecado de la mirada recordando la doble moral de quien pregona desde el poder, penalizando, para mirar en la intimidad lo que censura, sin que lo vean.

Porque las formas de hacer público un símbolo (de procesionarlo), de crear nuevos o de hacernos pensar en los que

---

1. «Chúpame el código», VNS Matrix, *op. cit.*

tenemos no son exclusividad de una cultura o de una religión. El carácter convenido de los símbolos y su posibilidad de transformación (entre otras cosas, para ayudarnos a denunciar injusticias y a mejorar mundos) es algo propio del ser humano. Esta posibilidad nos ha permitido salir de las cavernas y de épocas de mayor injusticia.

La parodia y visibilización de lo que culturalmente se ha significado como «abyecto» es una estrategia habitual en el arte político (los pobres crean) y en la práctica creativa. Es parte de los necesarios ejercicios simbólicos y críticos que reivindican la libertad y el posicionamiento frente a la normalización de formas que subyugan y que se han vuelto invisibles por rutinarias. ¿Acaso no duele y dolió la brutal exclusión de las mujeres de la vida pública y de los saberes y trabajos creativos, su privación histórica de subjetividad y la desigualdad estructural que sigue limitando el derecho a decidir sobre sus cuerpos y vidas en gran parte del planeta? ¿Acaso estas, entre otras razones sobre las que se basan la historia de la subordinación de las mujeres, su precariedad laboral, el control político/religioso sobre la maternidad, la apariencia, la presión sobre los cuidados, la violencia estructural...?, ¿acaso esto no merece, como mínimo, gestos simbólicos? Sí, tienen razón quienes las atacan, que mujeres como Sibila porten una vulva por las calles es ofensivo y peligroso, tolerar que por nacer con una su vida pueda ser privada de iguales derechos y oportunidades no lo es.

VI. Precariedad y deseo. La sensibilidad digitalizada

> Soy una romántica digital. Porque el sexo en Internet es sexo de verdad y el amor online también es amor y todo lo que hacemos entre lo uno y otro es tan auténtico como tocarte bajo los pantalones mientras el corazón te sale por la boca.
>
> Laurie Penny,
Unspeakable Things

1. FRENTE A LAS IMÁGENES, OLER LOS CUERPOS, TOCAR LOS CUERPOS

> [...] eliminemos las imágenes, salvemos el deseo inmediato (sin mediación).
>
> RÉGIS DEBRAY, *Vida y muerte de la imagen. Historia de la mirada en Occidente*

En algún momento reciente Sibila recibió un paquete que contenía una bufanda perfumada. Pensó que aquel olor inofensivo no podría con ella, pero el olor permaneció durante horas entre nariz y cuello. Nadie creería que ese olor la mantendría atada a la vida durante un tiempo, pero así fue. Como si el olor hubiera venido de un proyectil de hojas y agua que, después de violentar el cuerpo hasta devolverlo plenamente al mundo material, se instalara entre célula y célula. Allí se quedó en la carne de Sibila, donde habita el deseo al que algunos llaman *amor*. ¿Cómo no iba a brillar por dentro?

Ese olor comenzaba a materializar un cuerpo ausente, un cuerpo deseado. Porque la ausencia convierte a aquel a quien se desea en pura presencia, y ante el exceso de mundo digital el cuerpo se reivindica. Para Sibila no era la imagen del otro, sino su olor, su voz o sus palabras lo que le hacía recuperar la sensación de que, en su precaria vida, en el aplazamiento de su pasión creativa, «ella tenía cuerpo», que su cuerpo tenía «un corazón que se sale por la boca» de muchas maneras, que estaba cubierto de una piel que palpitaba al oler aquella bufanda, convirtiendo el olor en sinécdoque de un ser sin defectos, de carne y píxeles.

En las formas de intimidad de los entusiastas Internet lo ha cambiado todo. En las habitaciones conectadas miramos y nos miran online. La mirada es lo que más se estimula. Pareciera que a la sociedad contemporánea le encanta estar bajo vigilancia constante. El mundo alienta la mirada como manera de habitarlo, mirar y ser mirado es el destino.

Pero los ojos humanos son solo el principio. En la soledad de los cuartos conectados son justamente el resto de los sentidos los que Sibila activa y reclama en su deseo. Primero, tocar con plenitud, sabiendo que difícilmente ese deseo será saciado. Después oler. El olor de los fragmentos compensa la ausencia y activa la imaginación (que puede crear presencia). Escuchar es fácil. Lamer precisa sustitutos, quizá al propio cuerpo. El deseo crece en la ausencia, y se enciende con los fragmentos de realidad.

Estos sentidos importan claramente para el deseo online, porque tenemos cuerpo, pero no esquivan que la hipervisibilidad del mundo digitalizado es lo que en estos tiempos se posiciona implacable, derivando hacia la supremacía de la visión en detrimento del oído, el olfato o el tacto en nuestras relaciones online.

No es casual que la teoría y práctica artística feminista se haya posicionado frente a la hegemonía de la visión, interpelando por formas de acceso a los otros desde una crítica al ocularcentrismo occidental. Crítica que ha estado muy presente en propuestas feministas centradas en el olfato o el tacto. Pienso en la obra de Jana Leo *Fotografiar sin ver. Visiones del cuerpo humano* (1994), donde parece querer neutralizar aquello que arrastra el ojo. No está claro si para desviar la atención hacia otras formas de percibir o, más bien, para despojar a la imagen del régimen preconcebido e identitario de la mirada. Para ello, la artista fotografía con los ojos cerrados las «manos» de las personas invitadas a la acción y, posteriormente, las personas anónimas que individualmente participan fotografían a ciegas fragmentos del cuerpo desnudo de la artista. Sin restricciones al hacer imagen de los otros; un ver intuitivo, movido por el recuerdo y la impresión contextual, privado de visión, mediado siempre por la máquina fotográfica, por la voz, el olfato y el tacto. Es premeditado el reforzado carácter íntimo de las imágenes que conforman la obra, ubicadas en una caja con puertas y recubierta interiormente de terciopelo. Llegar al otro sin la mirada y a través de fotos que no pueden repetirse, donde el ahora es lo que queda sin que medie ninguna posproducción.

Aunque no es solo la posibilidad de verse desde afuera, ni de recompensar una suerte de mirada interior, sino que aquí también opera la crítica a la constricción del ojo a cánones y formas de poder implícitas en las maneras en que construimos visualmente los cuerpos. Para ello, la artista solapa representaciones fragmentadas y plurales de su cuerpo como otra forma de «presentarlo».

La no profesionalidad de los fotógrafos (su titubeo, sus preconcepciones, su distancia) sintoniza otra característica del mundo de los imaginarios contemporáneos: la fusión y posicionamiento de lo amateur en la cultura actual. Un universo imparable de imágenes que circulan aportando el valor añadido de la multitud de «primeras personas» que comparten realidad no siempre editada. Y cierto que hoy todo lo fotografiable parece haber sido fotografiado, pero curiosamente lo que observamos es un mundo de imágenes que se parecen llamativamente, justo lo que parece criticar Leo (la repetición del ojo implícito). Allí donde la artista hace fotografiar a la máquina desde un agente «cegado», ella busca que aparezca realmente el sujeto.

Mientras tanto en el mundo, aquí y ahora, vemos lo opuesto: el sujeto se siente central como productor capaz de verlo y capturarlo todo, sin advertir el protagonismo del dispositivo y la inercia de un brutal imaginario visual que hoy sostiene un universo infinito de imágenes que parecen la misma.

También las artistas feministas han experimentado la crítica al ocularcentrismo desde otros sentidos como el olfato. Pienso en la obra *Smell It*[1] de Jenny Marketou, precedida de otros trabajos e investigaciones con olores reales que incluyen vídeos *do it yourself*, mapas de olores y actuaciones inspiradas en modos situacionistas. Como una de sus primeras propuestas de net.art, *Smell.Bytes* (1998), presentada como una narrativa ficticia sobre el olor digital en forma de instalación y proyecto web. En este trabajo la artista cuestiona la reducción del sujeto online a una serie de rasgos basados en imágenes y datos, que se dicen descriptivos de las personas y ayudan a clasificarlas prescindiendo de la información que viene de otros sentidos. La artista se apoya en un robot llamado *Chris.053* que gusta de navegar por la red «oliendo» lugares y personas y traduciendo dichas sensaciones.

Así, frente al poder de la mirada, no pocas artistas como Leo o Marketou han reivindicado otros acercamientos al sujeto y del sujeto. Pero también desde la antropología y los estudios poscoloniales algunas pensadoras han resaltado el valor

---

1. En *Smell It* (2008) se mapean olores de determinados lugares configurando un mapa que llegó a ser producido por una galería de arte de Filadelfia, como parte de la exposición *Límites de olor*. Animado por la exploración de las conexiones entre las personas, la memoria colectiva, el imaginario, la narrativa de la comunidad y la mediación tecnológica, la visualización gráfica del mapa de olores DIY combinó mapas aéreos y Google Maps, de manera que el mapa animaba a los visitantes a caminar para descubrir y registrar las experiencias olfativas entre el hormigón urbano como un reto y una emoción, hasta finalmente, al regresar a la galería, hacer sus anotaciones olfativas en color directamente. Para Marketou, en la cultura fóbica del olor de hoy en día el acto de olfatear en público es extraño, incluso sospechoso, pero documentar el olor contribuye a conocer su importancia subjetiva y cultural. Véase: http://www.displaycult.com

de la *experiencia íntima*[1] (que implica tocar y sentir el cuerpo ajeno) en el conocimiento de los otros, frente a la *experiencia cercana* (limitada a un mirar el cuerpo), sustentada esta última en la ortodoxia de un ocularcentrismo académico sobre los cuerpos que bebía de presunciones racistas, clasistas y patriarcales.

Tocar, resignificar la relación física una vez vencido el miedo al otro, es algo que de momento se nos escapa en las habitaciones conectadas, a no ser que sustituyamos el cuerpo deseado por sus fragmentos sensibles, por prótesis tecnológicas o por el cuerpo propio.

---

1. Karla Poewe alias Manda Cesara. Véase: Karla Poewe, *Reflections of a Woman Anthropologist: No Hiding Place*, Academic Press, Londres, 1982.

2. LA LÓGICA EXPONENCIAL DEL DESEO

«Dime algo», desea Sibila, «algo más.» «Estaré conectada todo el tiempo.» Lo desea pero no lo escribe porque sabe que al otro lado alguien palpita de la misma forma. Alguien desea más «y más» cuanto más se espera. Ambos se contienen, pero apenas resisten «unos minutos».

La disponibilidad permanente de conexión enciende un escenario entusiasta donde poder amplificar los fragmentos y registros que nos traducen al otro. «Ver más», «escuchar más», «sentir más» es parte del ansia (creativa, *libidinal* y, también, capitalista) de todo deseo. Parte de una lógica que combina la acumulación con la vulnerabilidad de lo que desaparece en la conversación, no siempre archivada.

La tecnología, que sabe hasta qué punto el deseo moviliza y convive en distintos grados con afectos, amor y política, ha proporcionado a los entusiastas todo tipo de artefactos que operan como sustitutos fragmentarios del cuerpo cuando estamos distantes. Dispositivos que les ayudan en sus cuartos conectados a sentir «más», o a imaginar mejor al otro. Los fragmentos son las células y los átomos de la seducción. Porque todo fragmento no dibuja una parte, dibuja una ausencia. Es el molde vacío lo que activa la imaginación y enciende el deseo.

Pero los fragmentos del otro son hoy recreados y a veces implementados con ingeniosos guantes, electrodos y apéndices para la masturbación y el juego sexual. Artefactos donde tecnología y ciencia ficción interactúan en la imaginación y práctica sexual en las habitaciones conectadas.

También los artistas, de los que siempre esperamos una mirada visionaria (como las antiguas Sibilas) capaz de proyectar futuro, han ideado sus propuestas para cuerpos y deseos. En esta línea, recuerdo los dispositivos genitales creados por Alexei Shulgin y seleccionados como proyecto de net.art en una de las más emblemáticas exposiciones sobre la potencia de Internet para la vida: *net.condition*, celebrada online y en ZKM de Alemania entre 1999 y 2000. La obra llamada *FuckU-FuckMe*[1] proponía un kit de aparatos concebidos como unidades genitales masculina y femenina que permitían relacionarte con otra persona a través de Internet, traduciendo los movimientos de cada uno en la máquina del otro.

El aprovechamiento comercial del deseo sexual por parte de la industria tecnológica ha sido una constante en las últimas décadas, creando e imaginando todo tipo de máquinas orgasmáticas, como las propuestas de *Teledildónica*[2] de Kiiroo, posicionando la práctica del sexo en una realidad material y virtual mediada por máquinas.

Hoy en día, algunas empresas diseñan dispositivos capaces de controlar simultáneamente varios juguetes sexuales vinculados al ordenador, buscando gestionar el dispositivo de la pareja en tiempo real. Como era previsible, ahora el deseo sexual forma parte importante de la industria capitalista, pero conviven posiciones diversas. Posiciones que hacen coin-

---

1. Alexei Shulgin, *FuckU-FuckMe:* http://www.medienkunstnetz.de/works/fuck-u-fuck-me/
2. El término *teledildónica* utiliza la palabra *dildo* (juguete sexual) para referirse a sustitutos sexuales a distancia, o juegos sexuales virtuales.

cidir nuevas ideaciones tecnológicas que amplían los cuerpos, estimulando la imaginación y el deseo de los entusiastas en sus habitaciones conectadas. Mientras, también perviven aún las que alimentan trasnochados imaginarios que identifican a unos como sujetos deseantes y a otras meramente como objetos de deseo.

> Desde hacía tiempo era previsible que el sexo siguiera a todo el resto y tomara tarde o temprano un nuevo sentido, transformándose a veces en mercadería reservada a la industria y a algunos negocios altamente especializados. A pesar de todas las resistencias, era inevitable que el sexo se volviera comercial (al mismo tiempo que el comercio se daba un aspecto sexy), pues las reglas del mercado no prohíben vender el sexo del mismo modo que se vende el talento, el trabajo o la sinceridad.
>
> BERNARD ARCAND

El sexo se vende y la cultura nos daña cuando se empeña en convertir a algunas personas en mercancía y meros objetos de la mirada y el deseo, y no en sujetos deseantes, con mirada y percepción propias. De ello habla la apropiación del deseo por parte de la industria pornográfica ideada por y para hombres heterosexuales. Una poderosa industria eminentemente «visual» que ha obviado el deseo de las mujeres. Esta apropiación ilustra uno de los grandes negocios del capital en Internet y de su poder de dominación simbólica, pero no responde a la diversidad del deseo y prácticas afectivas y sexuales de las personas. ¿Alguien duda de la heterogeneidad de sujetos conectados a la red (distintas sexualidades, diferentes cuerpos y discapacidades, distintas historias...), sujetos que se esperan, que intercambian, que se quieren o que sienten sus cuerpos a distancia?

Se equivoca quien limite los imaginarios sexuales de Sibila y los entusiastas a una rancia imagen de porno online hecho por y para los hombres. Los deseos son innegociables cuando son propios, de cada cual, y en la intimidad pueden liberarse de la expectativa. Su puesta en cuestión o su apagamiento tendencioso es algo contra lo que las mujeres luchan desde hace tiempo.

Quien habite en la red sabe que el deseo, como el sexo, es también, por ejemplo, el «hablar de sexo»; que increíbles posibilidades para los cuerpos y sus sexualidades conviven con la distancia, la pasión, la amistad, el amor y la vida allí donde acontecen la mayor parte de las interacciones con los otros en esta época.

El placer y la sexualidad no pueden ser limitados a hombres y a culturas determinadas. Por mucho que la realidad pornográfica que inunda las redes haya iniciado una colonización capitalista que busca rentabilizar este territorio a la par que contribuye a «construirlo» y significarlo. Como contrapeso a la clásica hegemonía pornográfica comercial, en la red muchas personas están introduciendo dosis de diferencia y alteridad que nos permiten entender el placer en las habitaciones conectadas como algo no restringido a unos pocos. Quiero decir que hoy todos pueden, podemos, producir y producirnos para interactuar con los otros. Pactos temporales y prácticas de libertad son posibles.

Frente a la representación estereotipada y sesgada de esta industria, artistas, investigadores, activistas y personas diversas experimentan, indagan y ofrecen alternativas (no siempre visuales) al placer; desde la consideración de que tenemos cuerpos diversos, historias singulares, cuerpos que en muchos casos han sido obviados y excluidos del placer. Pienso, por ejemplo, en tantos entusiastas con discapacidad física.

Una de las transformaciones que están aconteciendo en las formas de deseo online se apoya en la estructura horizontal de la red y en promover (como agentes activos) que los cuerpos y el deseo «otro» «se presenten» y muy pronto se re-presenten, con lo que esto supone de crítica a los modelos hegemónicos. Este giro tiene una interesante dimensión antropológica si observamos que, frente a la representación de las prácticas canónicas, la presentación de las prácticas reales y cotidianas ha sido en muchos casos escondida y en otros estigmatizada y desprovista de deseo.

Creo que lo transgresor de las redes donde habitan los entusiastas es que todos podemos presentar y representar cuerpos y prácticas, crear universo simbólico, posicionar práctica real y construir deseo, iniciando una necesaria liberación de las referencias y los cánones, de las formas capitalistas de poder y exclusión que los respaldan. La liberación, como el deseo, es incontenible, se deja fluir en el placer que busca siempre más. Como contraste a un mundo precario, la pulsión del cuerpo (¿alguien duda que el alma es también materia?) aún pertenece a los entusiastas y en él reivindican libertad.

Detrás de la página en blanco de los editores con los que trabaja, Sibila sabe que un mundo se mueve, dialoga, discute, se ama y constantemente se pronuncia o espera. Sí, esperar. Esperar mientras desea es algo que marca sus días conectada. Habitualmente las primeras formas del deseo vienen en forma de espera.

3. EL ENTUSIASMO Y LA INTIMIDAD DE LEJOS

> El amor es el tiempo y el espacio en que el «yo» se concede el derecho a ser extraordinario y estar perdido al mismo tiempo, por la fusión imaginaria con el ser amado. [...] Estoy en el amor, en el cenit de la subjetividad.
>
> JULIA KRISTEVA,
> *Historias de amor*

Hay lugares o momentos en los que podemos permitirnos ser más sinceros, no necesariamente más enteros, pues la sinceridad con frecuencia nos hace fragmentarnos y contradecirnos. La intimidad acontece allí donde sentimos no tener que rendir cuentas ni responder a ninguna expectativa.

La relajación de dejarnos fluir, como quien se quita los corsés de la vida social y se descubre masa amorfa capaz de derramarse entre las formas que encuentra en sus lugares de intimidad: ese sillón, esa cama, esa habitación, ese baño, ese sótano, esa pantalla o ese papel. Allí donde sentirnos en el refugio, sin ojos de afuera. Es en la libertad que comienza rebosando viscosa donde la intimidad permite al entusiasta recuperar el placer de sentir el mundo, recuperar los tiempos propios y dejarse llevar por una, alguna, pasión. Esa dimensión placentera y punzante que rara vez (solo si hay entusiasmo sincero) encontramos en el trabajo.

Los sujetos podemos ser más sinceros cuando no existe expectativa sobre nosotros que nos ubique en lo que los demás esperan. Ni el trabajo ni la familia, donde nos limitan a una parte de lo que somos, proporcionan la libertad que activa una respuesta sincera. En la soledad online sin embargo no hay presión ajena, solo la propia. La posibilidad de hacer y ser sin exigencia libera al sujeto, hace caer máscaras cotidianas y permite fluir al deseo frente a la pantalla, que se comporta como esa ranura infinita que ayuda a ver sin ser visto, a dejarse ver hasta donde deseas ser visto.

Porque si en el exterior advertimos un mundo inestable y siempre en conflicto, donde vemos que la gente sufre y muere (porque rara vez la noticia es «no murió nadie» o «les vimos sonreír»...), fácilmente la pasión del entusiasta termina por fingirse desde el escepticismo sobre su compromiso con el exterior; así como también se finge en la mayor parte de los trabajos sin perspectiva ni futuro. La pasión sincera no puede sino venir del interior del ser, como el entusiasmo sentido y como el deseo.

Pero también la intimidad de la habitación conectada nos sitúa en la relajación propia de un contacto siempre profiláctico, lejos de los peligros materiales, de la contaminación, de las enfermedades, de la procreación, de los compromisos, de la reproducción de la vida diaria y sus normas colectivas, aunque más que nunca regido por el deseo.

En la intimidad que conforma lo personal, la pantalla puede además ser papel para el que crea o ventana para el que busca... Así, creación y búsqueda (que respondan a la curiosidad, al interrogante, al deseo) son motor de la práctica creativa hoy en la red, incluso cuando esa práctica creativa no implica creación de obra sino creación de uno mismo, liberación de uno mismo.

El deseo tiene que ver con los espacios que habitamos. Ese espacio propio conectado que suele ser un solo cuarto en las ciudades de ahora, tan pegado a la casa-habitación de al lado que podríamos afirmar que dormimos a un par de metros del vecino, al que rara vez vemos pero a menudo escuchamos.

El deseo del entusiasta no desaparece. En sus fluidas formas de pasión creadora (posible o truncada), la vida en el cuarto propio excita, como si constantemente nos merodearan el suicidio y la resurrección, la sensación de estar a punto de claudicar, y los pequeños comienzos que suceden a cada crisis.

El deseo tiene formas diversas. En la intimidad confluyen y se atraviesan (excitantes) los deseos creativos (ese poema, esa imagen...) con los deseos que nos recuerdan que el cuerpo va adjunto y que hay formas de amor que funcionan, indistinguibles, como penetrantes formas de deseo.

Los sujetos, *extraordinarios* y *perdidos,* conectados y protegidos en sus cuartos propios, aman y desean igual que trabajan o hablan de política. No hace falta crecer pegados a dispositivos tecnológicos para integrar la vida en la red en nuestras formas de deseo, pero la cotidianidad online ayuda.

Y si bien lo ausente (el cuerpo) es alimento para la búsqueda de contacto físico, no es extraño que algunas relaciones online funcionen como un *amor de lejos.* Porque ni siquiera necesitan un futuro común de cuerpos compartidos, tampoco el tacto real del otro. Basta con el propio y la pantalla para mantener latente el vínculo, allí donde se minimiza la distancia entre el que escribe y lo escrito, donde la ficción se integra y normaliza (cada vez más) en lo real.

Sin poder acceder al cuerpo y la materialidad del otro, son muchas las preguntas. Por eso Internet es territorio idóneo para el amor y la fantasía. Probablemente sabemos mucho sobre la persona amada, si como la mayoría ha sucumbido a publicar su vida en las redes. Pero aunque gestionado por uno mismo, lo que nos llega es filtrado por otros, interfaceado por la pantalla, repleto de interrogantes y ausencias. Y son esos vacíos los que activan la imaginación sobre un ser que «puede» serlo todo, incluso vislumbrarse sin defectos.

El sonido de los cuerpos de al lado

Pensar que el deseo es ante todo visual esconde un importante prejuicio. El deseo no es privilegio de quienes «solo ven».

Carentes de visión tras muros y puertas, el cuarto de Sibila se pronuncia y habla. Entonces la vida al otro lado deja pistas de que existe y el sonido es más nítido. Los ruidos del cuarto de al lado evocan, en su enunciación, la presencia de alguien/algo que habita ese lugar.

Es de noche y todo está en silencio. El cuarto de Sibila no es visible pero sí audible para la persona vecina y viceversa. Los sonidos a veces se limitan a golpes, estornudos, tal vez una televisión encendida..., y ese sonido ambiguo que enseguida deja de serlo deviniendo susurro placentero y gemido sexual. Esos sonidos y silencios del cuarto de al lado son en el fondo la imagen especular del nuestro, de espacios íntimos que se piensan aislados pero que se filtran parcialmente a los otros, reconociendo en el sonido del cuarto de al lado la abstracción del sonido de nuestra propia habitación. Un sonido de los cuerpos vivos que se mueven e interactúan, con los otros, con sus espacios, con ellos mismos y cada vez más con las máquinas.

En las pequeñas casas de ahora la presencia auditiva del vecino es, paralelamente, el sonido reivindicativo del cuerpo, del placer como uno de los ejes de la intimidad de los entusiastas. Descubrir ese «al lado» genera una curiosa solidaridad con el desconocido vecino o vecina, al comprobar que los rituales del cuerpo y de las conexiones en los cuartos se repiten; que, con seguridad, sus deseos y miedos son extremadamente parecidos a los nuestros, que en este reconocimiento se esconden formas básicas de solidaridad entre iguales. En muchos sentidos este cuarto de al lado se parece a Internet.

Porque el cuerpo necesita reivindicarse en las habitaciones conectadas donde, inmovilizado, su conciencia reclama su activación, pellizcarlo, estirarlo, palparlo (ese pie, esa nalga, ese hombro o esa rodilla), recuperar sensaciones olvidadas por la excesiva quietud frente a la pantalla. Claramente esta idea tiene algo de autorregulatoria, como si un exceso de virtualidad solo pudiera ser respondido con una intensa vuelta al cuerpo. Una respuesta ante la desmaterialización de parte de la vida online que nos vuelve a poner en conversación con la carne. El cuerpo material, real, convincente e imperfecto se vuelve más consciente frente a la pantalla de Sibila. Los invisibles vecinos de al lado, la mirilla, el sonido o el olor, durante un tiempo... Porque es la oscilación de perderlo y recuperarlo lo que nos hace no acostumbrarnos. Todos los apagamientos de una pasión (creadora, afectiva, sexual...) son vividos como pequeñas premuertes que antes de sucumbir buscarán agarrarse a una mano y resucitar.

Entretanto, Sibila suministra sonidos a sus vecinos. Ya conocen los códigos. Sibila gime, Sibila muerde su muñeca convertida en el cuello ausente. Pero no está claro si, a diferencia de su pasión creadora, Sibila finge desear un encuentro físico que voluntariamente aplaza para que todo dure más; como si la distancia protectora alejara el conflicto, la decepción o el compromiso; como si el pacto se entendiera en ese «fingir creer la radicalidad de una pasión» que no compromete ni obliga al otro. Y mientras la pasión creadora siempre pide más y se frustra con la escasez de los tiempos, la pasión por el otro se hace más presente en sus obstáculos y en la distancia de la vida online. Ambas se movilizan por el miedo ante su pérdida o su apagamiento.

Los cuerpos que van escritos

Sibila cierra la puerta, deja el móvil sobre la cama, estira con fuerza los brazos para descansar de la realidad contenida en su cuerpo y escribe: «Anda, aparece, ven...» Escribir no tiene tanto de instrumento sobre superficie, sino de cuerpo sobre superficie. El cuerpo encarna lo que escribe y el lugar donde se escribe.

Sibila desea y espera una señal, que sintonice y responda. En la soledad, como pivote de nuestras relaciones afectivas, cuando nuestra habitación se oscurece como intimidad, la escritura afectiva y sexual, acontece. Lo que resulta inefable cara a cara puede devenir escritura en la habitación conectada. Aquello que quiere suplir el pudor del habla para comunicar una declaración íntima, un deseo, lo que nos cuesta decir en persona porque nos sentimos entonces más vulnerables.

Hasta hace poco el lenguaje sexual estaba reducido al pedante lenguaje intelectual *(cunnilingus, fellatio...)* o al lenguaje vulgar donde hablar de *correrse* o *follar*. Sobre ello sugiere Bernard Arcand que es como si solo pudiéramos describir el goce y el sexo por medio del desvío que permite el lenguaje culto o el obsceno, siempre con temor a «parecer escandalizados y a no parecer suficientemente escandalizados».[1] Como si nos hubieran despojado de palabras para describir nuestras prácticas, para normalizarlas en nuestras vidas. Creo que Internet ha aflojado esos corsés permitiendo fluir otras escrituras de los afectos y el sexo.

Los conectados exigen a la palabra que transmita el pálpito del otro, la espera. Le exigen su máxima capacidad para

---

1. «George Orwell decía que es difícil discutir de obscenidad porque las personas tienen demasiado miedo o de parecer escandalizadas o de no parecer escandalizadas», citado por B. Arcand, *op. cit.*, p. 17.

traducir el deseo. Porque es el cortejo online en sus distintas formas e intensidades afectivas un estímulo característico de las relaciones contemporáneas. La posibilidad de amar/desear y la de ser correspondidos espolean muchos de los vínculos personales de los entusiastas. Y me parece que la adicción que provoca este juego reside en verse reducidos a la seducción (la apariencia pura), al texto como sexo y en la densificación de la relación a través de la palabra. Si no se escribe nada ha existido.

Porque en la soledad de las habitaciones conectadas el objeto amado/deseado está ausente, pero la ausencia libera su energía erótica. La ausencia es siempre lo que se hace más presente, desbordante, todo apariencia. Puede pasar entonces que la ausencia como interruptor de la fantasía haga menos importante el grado de realidad o ficción de una historia. Como si lo fundamental aquí fuera «creer», justamente lo que mantiene activos a los entusiastas.

4. CREER AL OTRO (FANTASEAR CON EL CUERPO INVENTADO)

> El arte y la literatura han dado a muchas personas el alivio de sentirse conectadas —nos sacó del aislamiento—. Nos hace saber que alguien más respira y sueña y tiene sexo y ama y causa estragos y conoce la soledad de la misma manera en que nosotras lo hacemos.
>
> ADRIENNE RICH

Siempre hay algo que buscamos y que nos busca. Cuando los entusiastas apagan la presión del mundo y confluyen con el deseo de otros conectados algo quema. Los pactos entre quienes, como Sibila, se encuentran (distantes pero afines) son temporales, virtuales, y a poco que los protagonistas hayan habitado un tiempo la red, sabrán que el deseo opera como un «querer creer mientras se habla», para después, hoy o dentro de años, apagar sin demasiadas consecuencias.

Para quienes viven conectados, los sujetos deseados suelen ser personas, pero no cabe desestimar el potencial de la inteligencia artificial en la ideación de interlocutores afectivos y/o sexuales de los que la ciencia ficción da buena cuenta. Pienso por ejemplo en la película *Her* (2013) de Spike Jonze, donde el alma convertida en código navega desmontando y construyendo al sujeto en la máquina.

Así como el deseo puede materializarse en el cuerpo ajeno, también lo hace al tocar el cuerpo propio, pero igualmente al «fantasear con el cuerpo inventado». En este último caso, para todo humano comprometido con su tiempo supone un estímulo intelectual observar la deriva de creación hiperrealista de cuerpos sintéticos (comercializados con fines diversos y usados mayoritariamente como parejas sexuales) y la ideación virtual de seres con apariencia humana (psíquica o física), también de cuerpos virtuales en metaversos. Pienso que ambas derivas pueden ayudarnos a hacer reflexivo el futuro del deseo online en las formas de vida conectada.

Desde los pioneros proyectos de los noventa en el contexto artístico, como *Bodies Incorporated*[1] de Victoria Vesna, donde el cuerpo como avatar era deconstruido en categorías y procesos, hasta los más recientes metaversos comerciales (aunque llamativamente denostados por los medios desde hace unos años) como *Second Life (S.L.)* o las propuestas actuales y por venir de realidad aumentada. Todos ellos nos permiten especular sobre los cuerpos digitales inventados y sobre el avatar antropomorfo guiado por un sujeto.

Cuando Sibila se crea su cuerpo virtual en un metaverso descubre que allí donde la imagen es lo que la representa, el acto de experimentar y modelarla adquiere gran importancia. Moviliza, además, imaginar que en los juegos de simulación de estos metaversos podamos llegar a experimentar sin los tabúes del mundo físico, pudiendo subvertir los dualismos culturales de los cuerpos offline, allí donde el cambio de vestido del avatar es un cambio potencial no solo de tela, sino también de cuerpo.

Pero ¿dónde empieza y dónde termina un cuerpo virtual cuando todo es maleza digital? ¿Hasta qué punto necesitamos allí copiar el cuerpo de aquí, hilarnos una piel antropomorfa como un vestido que concentre nuestro límite? La respuesta parece ser el pacto simbólico, una deriva que busca parecerse a lo material-real y así contrarrestar la virtualidad del mundo de fantasía. Incluso en lo fantasioso, lo real sigue siendo lo que más nos moviliza.

Se trata de una función simbólica ya no vital. Pero apren-

1. V. Vesna, *Bodies Incorporated:* http://www.bodiesinc.ucla.edu/

demos bien la lección de cuáles son las imágenes que queremos y cuáles no para representarnos. Pudiendo elegir y ser distintos, los avatares asustan en la similitud de sus formas estereotipadas, como si en el ejercicio de fantasear un cuerpo inventado el primer lastre a superar fuera liberar la imaginación, tan previsible y desentrenada.

En los últimos tiempos, Sibila ha frecuentado paseos y derivas en metaversos online. En alguna ocasión encontró salas abiertas donde cuerpos muy parecidos entre sí se mostraban desnudos y se chocaban unos con otros. Intentaban relajar la ortopedia de los dibujos manejados desde los dedos, hacia la plasticidad orgánica de los movimientos humanos; buscaban rozarse, ser penetrados y penetrar, combinando la sensación de quien actúa y dirige al mismo tiempo. El resultado no era muy erótico. A Sibila le recordaba cuando de pequeños hacíamos chocar dos muñecos de plástico rígido golpeándolos entre sí.

Sin embargo, una cuestión llamativa que observó en sus encuentros tenía que ver con la identidad del avatar. Sibila veía cuerpos pequeños como de niños interactuar con el resto. En un metaverso nunca se tiene garantía de si quien está al otro lado tiene una materialidad de hombre, mujer, niño o anciano, si es humano o es un robot. Tan fascinante como tétrico. Parece entonces que en los tiempos de intimidad en ciernes con cuerpos fantaseados, los viejos códigos morales chocarán con el mundo virtual como códigos que chirrían, que hablan y no se escuchan, como si sintonizaran frecuencias diferentes sin atender a un escenario distinto, más exigente y complejo.

Podría pasar entonces que todo «querer creer» manteniendo pactos temporales que rápidamente se olvidan, ¿derivaría acaso a un mundo sin responsabilidad ni compromisos éticos? Porque la ética de este colonialismo digital difiere de los colonialismos precedentes, por cuanto no se trata de la interacción de una cultura sobre otra sino de una cultura sobre parte de la misma cultura, de la vida sobre la imaginación. Una cultura escindida, mutante y liberada en pactos de evasión y temporalidad que nos preguntan por las posibilidades de repetición o imaginación de mundo en un indefinido gradiente de mundos posibles. Mundos que nos susurran sobre la posibilidad de mejorar mundos, y también sobre la posibilidad de vivir abandonados a la deriva de la imagen, cedidos a la lógica del capital y el placer, liberados de responsabilidad social como venganza al abandono de la sociedad que nos condena a la precariedad, y en sus intersticios al entretenimiento en las pantallas.

VII. La cultura feminizada y el valor del empleo

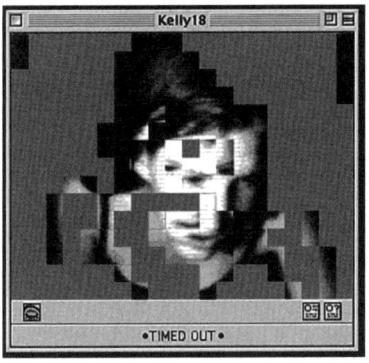

> Si existe una modalidad histórica que pueda encarnar la explotación total de la persona por parte del capitalismo, esta figura es femenina. La explotación ha sido siempre y es una apropiación indiscriminada de cansancio, tiempo, cuerpo y saberes individuales. [...] La modalidad de explotación de las mujeres tiene además fuertes aspectos de no valor social, de flexibilidad infinita, de invisibilidad, pero, bien considerado, es precisamente en estas últimas décadas cuando el capitalismo ha apuntado, en términos generales, a apropiarse con más fuerza si cabe de la polivalencia, de la multiactividad y de la cualidad del trabajo y del cuerpo femenino [...]
>
> CRISTINA MORINI, *Por amor o a la fuerza. Feminización del trabajo y biopolítica del cuerpo*

1. LA PROFESIÓN Y LA AFICIÓN TRANSGREDIDA EN LAS REDES

Puede que toda persona sea crédula más allá de la práctica a la que se dedica. O que antes fuera así. Porque ahora las tareas implícitas en cada actividad son diversas y el saber ya no se memoriza como antes. La red lo inunda todo. Los entusiastas lo saben. El saber se archiva, cambia y crece, es accesible a todos los conectados. Como efecto, la gestión de los saberes ha cambiado y las prácticas que merodean los saberes creativos también.

Mi primera impresión es que estas prácticas están experimentando una transformación relevante bajo un prisma básico. Si antes de Internet «unos pocos escribían o creaban para muchos», hoy sin embargo «todos escribimos y creamos para todos». La práctica creativa ya no es minoritaria y se normaliza y difunde con facilidad, haciendo confuso el margen entre lo amateur y lo profesional, entre la afición y el trabajo.

Tampoco los mediadores son ahora lo que fueron en el pasado. Aunque en la práctica cultural coexisten viejas y nuevas fórmulas, prima la posibilidad de ocuparnos nosotros mismos de la presentación y difusión de aquello que hacemos desde casa. Quien más quien menos tiene una red de contactos dispuestos a ver, escuchar y leer nuestras cosas –nosotros corresponderemos de la misma manera con ellos.

En estos tiempos, de manera en apariencia previsible y orgánica, están apareciendo otras formas de trabajo cultural apoyadas en la red y derivadas de la práctica creativa. Formas que priman cada vez más la versatilidad y la polivalencia, la firma como marca, la consecución y el mantenimiento de audiencias; formas que tejen la piel cotidiana de los entusiastas.

Quizá un primer motor de todo esto tenga que ver con la mutación de lo que hasta hace poco considerábamos «afición». Aquella inclinación hacia una actividad que gusta y que solía tener una «visibilidad reducida». Es decir, aquello que se hace y se muestra al círculo cercano e íntimo de familiares y amigos (ese poema, ese dibujo, ese invento de cartón, cables y madera...). Definición y práctica implicaban que la obra amateur sería vista por «pocos». Entonces (antes de Internet) limitados al mundo material cercano, donde las cosas se tropiezan, acumulan polvo y requieren más espacio. Pero después de Internet la visibilidad ya no es reducida, al menos no en potencia. Bien como obra expresa, bien como parte apropiada por otros (más o menos humanos, más o menos máquina), lo que hacemos circulará y será visto por muchos.

El de la práctica creativa online es ahora un escenario completamente distinto, donde no solo la potencia de visibilización multiplicada, sino también la circulación no controlada, propician el riesgo de perder el nombre, la referencia y el contexto rápidamente. De circular como huérfana perdida de mano en mano, de ojo en ojo: esa fotografía sin título, esas líneas copiadas de otro muro, esa música no registrada. El magma creativo online es voraz, las aplicaciones para la apropiación casi prolongaciones de los dedos, y la remezcla tan cotidiana como inconsciente. La circulación acontece y no se piensa, está por ello falta de pregunta ética, amparada en el anonimato y en la movilidad. Todo lo que fluye públicamente parece alzarnos los brazos, disponible, sin consecuencias.

Es una de las contrapartidas de la práctica creativa en la red, que no merma la potencia de visibilidad de los entusiastas que buscan dar a conocer su trabajo. En este siglo, Internet permite que una afición creativa fácilmente se visibilice ante un público muy numeroso, circulando e incorporándose en un universo simbólico que se lee de forma distinta y donde intervenimos también de otras maneras. Así, visibilidad y forma de circular transgreden el círculo cercano como también lo hacen frente a las clásicas formas de trabajo material y de educación formal.

Observen si no hasta qué punto en nuestras habitaciones conectadas el mundo arremete como un ciclón de ruido y conocimiento digitalizado. En ellas tenemos la oportunidad de contrarrestar, e incluso primar, aquello que nos motiva frente a lo que la escuela nos enseña, aquello que descubrimos con curiosidad frente a lo que en otra época solo podíamos conocer en lugares muy localizados y habitualmente restringidos a una minoría.

El autodidactismo cuando hay voluntad, la «autenticidad» remarcada por un hablar en primera persona, la posibilidad de «crear» y el contexto común de una habitación conectada donde poder concentrarnos, impulsan a muchos a convertir la creación online en razón de ser ante la incertidumbre laboral o vital. El perfil de contemporaneidad que dibuja es sin duda singular, delimitando formas de concentración y trabajo fuera de los márgenes disciplinares, de las clásicas estructuras de formación e institución actuales. No se precisa estudiar comunicación para comunicar ni filología para escribir. El conocimiento libre pone un espejo a la institución y si la institución escucha tal vez comience a transformarse.

Creo que, en esta línea, la reinvención del sujeto creativo en la red enciende una de las grandes transformaciones del conocimiento en el tiempo de Internet. Lo hace además contrarrestando o cuando menos matizando la imagen de precariedad que vengo compartiendo en este ensayo, como contrapeso cargado de potencia que da alas al sueño de mayores niveles de emancipación.

Entrelazada con el poder creativo en el universo online, la cosa se mueve entre luces que iluminan y a veces ciegan, tonos medios y sombras. De un lado, la pasión creadora no limitada a la educación formal, de otro, la deriva del entusiasmo de quienes buscan convertir afición en trabajo allí donde se concentran no pocos conflictos del capital como brotes en ciernes de precariedad.

Ocurre sin embargo que las palabras no se emplean con inocencia, y determinadas prácticas creativas son condecoradas como «trabajo» mientras que otras que conllevan la misma pasión y energía no lo son. Urge entonces pensar qué prácticas y qué razones derivan a esta consideración como trabajo o empleo (de la que se traduce un pago económico y una emancipación de quien trabaja y controla vida y tiempo), frente a prácticas que aspiran a un pago con visibilidad, afecto o reconocimiento.

De hecho, lo que moviliza a un entusiasta es dedicarse a su pasión, transformar su vulnerabilidad económica en libertad. Pero lo que, como Sibila, encuentra con mayor frecuencia es que su trabajo es convertido en afición, que su trabajo no es empleo, que su producción es valorada como consumo, y su fuerza productiva es rentabilizada por otros. Entusiastas que operan más como engranaje que como sujetos.

No es liviano este asunto de las diferencias y fusiones entre la afición y el trabajo, asunto también del tiempo propio y de lo que en él hacemos, de las palabras y prácticas que en él manejamos, y de las posibilidades que esas palabras y trabajos ofrecen o niegan a las personas según sus géneros. Esa vana costumbre que nos ha inclinado reiteradamente a esa tarea, a ese juguete, a esa centralidad o a esa esquina en función de «un género educado». No es liviano porque la tradición de las tareas asociadas al género cambia muy despacio, pero la vinculación de tareas asociadas a determinados espacios (ahora visibles) está siendo transgredida rápidamente con las redes, fusionando muchos de estos límites y difuminando aún más sus diferencias. No es baladí porque la afición, cuando ha sido tecnológica y creativa, nos habla del singular recorrido de quienes hoy acumulan el poder en Internet. Me refiero a ese mundo «llamativamente masculino» donde se inventa, programa y negocia qué *es* y qué *puede ser* la red.

Un contexto cuyo imaginario trasluce un estrato de laboratorios *geek* conformados por adolescentes empollones y jóvenes pegados al ordenador, quizá humillados por los compañeros de clase e idealizados después en historias de éxito cosidas con poder y capital. Tal es el relato de «los perdedores que triunfan»[1] ideando una gran empresa tecnológica, logrando a «la chica» y mucho dinero, pasando por alto «lo que los hace iguales» entre ellos: que son hombres. He aquí una raíz de la intrahistoria de Internet detrás de la mitología de genios solitarios, de la cultura de garaje y de los jóvenes que crearon y siguen alimentando la factoría estructural de la red.

Mientras que las mujeres habitan esos otros trabajos de mediación y comunicación donde la tecnología es usada para atender y escuchar problemas (infinito ejército mundial de precarias teleoperadoras, en algún momento entusiastas). Para las mujeres, además, son los trabajos peor pagados y a tiempo parcial (la maternidad asusta, la maternidad sentencia); y la precariedad se feminiza como nudo de los trabajos que difícilmente emancipan.

Sigue siendo este un poder que con frecuencia se nos escapa tras el espejismo de red horizontal. Un dominio huma-

---

1. L. Penny, *op. cit.*

namente sesgado donde, por un lado, el poder (neoliberal) tecnológico, industrial y empresarial que lo sostiene se distancia cada vez más de una construcción, un poder y una política «públicos» progresivamente más neutralizados. Y, por otro, aunque todas las personas conectadas producen y son contenido, siguen siendo mayoritariamente hombres los que idean, programan y configuran la arquitectura informática de la red, la estructura de la casa.

2. LA VOCACIÓN QUE «PUNZA» Y «ARRASTRA»

> No os desviaréis de la mayoría sin un pequeño detalle que empieza a crecer y que os arrastra [...]. Cualquier cosa puede servir, pero el asunto se revela político.
>
> GILLES DELEUZE y FÉLIX GUATTARI,
> *Mil mesetas. Capitalismo y esquizofrenia*

El tono, también el rostro, los movimientos de las manos, la forma de conversar. Cuando algo *punza*[1] el cuerpo habla. Tiene voz *lo que punza* porque moviliza y *arrastra*. Pronto aprendemos que vale la pena intentarlo. Que «ese detalle que empieza a crecer» como una pasión lo merece. ¿Recuerdan aquellos últimos versos? O, quizá, ¿esos trazos sobre el papel o aquella curiosidad zambullida en nuestra primera enciclopedia? Tiemblo al imaginar el escalofrío de Sibila cuando recuerda sus razones para seguir: «Un día sentí algo cortante y mantenido, algo ridículo y sorprendente, como eterno pero frágil y entonces encontré sentido. Juro que lo sentí y lo sigo buscando.»

La época y sus eslóganes publicitarios la ayudarán a recordar, a cada rato, que «ella puede», «que debe intentarlo». Obvian el largo camino de esfuerzo que la vocación conlleva. Las horas de estudio y ensayo no quedan bien en un cartel publi-

---

1. Lo que «punza» es una expresión a menudo utilizada por Roland Barthes en su obra *La cámara lúcida* para hacer referencia a aquello capaz de movilizarnos con intensidad, aquello que «sale de la escena» y nos interpela o nos causa herida. Véase Roland Barthes, *La cámara lúcida. Nota sobre la fotografía*, Paidós, Barcelona, 2010, p. 45.

citario, es largo de explicar en una imagen. En estos tiempos de mensajes rápidos nadie opta por lo que exige tiempo. Nadie se detiene en el proceso. La prisa es uno de los grandes inventos capitalistas, y funciona.

El universo visual que nos envuelve como la verdadera piel colectiva, seduce como convence. Y por ello el estímulo primero es siempre el impulso, lo emocional e intuitivo que anima a: «comprar un portátil para ser escritor», «comprar unas zapatillas para ser deportista», «comprar una cámara para dirigir películas»...

La pasión es sintetizada para viajar rápido y llegar fácilmente, reducida a su dimensión comercial, a su inicio y final, enmascarada de fe y expectativa en cada uno de nosotros, cuando nos sentimos indecisos o perdidos. El camino de luces nos guía y como suele pasar cuando las cosas brillan en exceso, esconden a su alrededor un contraste de sombras y penumbra.

Todo camino hacia la creatividad comienza en la curiosidad y en la repetición, en el deseo de volver libremente a una práctica y experimentarla. Tantas creaciones reconocidas o marginadas, espléndidas y archivadas o perdidas en la oralidad, hechas con palabra, hilos, lápiz o cuerpo. Tantos tiempos invertidos en esas aficiones que culminan en imágenes, inventos, maravillosos artefactos o historias que hablan de las capacidades humanas y que han ayudado a convertir el mundo en un aparato distinto, en muchos sentidos perfeccionado, y a hacernos a nosotros más sensibles.

Sería difícil identificar ese momento inaugural en el que las personas como Sibila sintieron que dibujar, actuar, grabar vídeos, escribir poemas o investigar el mundo las movilizaba, proporcionando empuje a su existencia. Sería quizá viable si pudiéramos unir con una cuerda una sucesión de pequeños momentos reiterados que configuraron un sentido vital, la necesidad de volver a esa práctica que reconciliaba la vida cotidiana con la sensación de «vida» de veras.

Volver importa para entender sus claves profundizando, o para buscar de nuevo esa sensación, como quien lloró a solas viendo los colores de un crepúsculo o escuchando un verso que le dejó más herida que una bala.

Pero cabe pensar que en los creadores movilizados por esta tracción que les punza, el único añadido que tradicionalmente ha servido para diferenciar la afición del oficio ha sido la formación. La formación ha contribuido a legitimar un dominio y conocimiento de la actividad realizada y, como efecto, su argumentación como base para convertir lo que se hace por gusto en un ejercicio profesional. La posibilidad de materializar esa práctica funciona como inspiración e incentivo para quien la ejerce y para quien se está formando, y necesita imaginar su actividad como «posible proyecto de un futuro», imaginar y proyectarse en un posible «futuro».

Como vengo sugiriendo en este ensayo, hoy más allá del aprendizaje en la escuela, la universidad y la institución educativa en general, la formación acontece también en las redes, donde un universo de conocimiento se abre sin mapas. Y en sintonía con ese escenario también se prolonga al «mundo convertido en anuncio e imagen». Porque las referencias ya no se localizan en la familia, en los libros o en la escuela, sino que se propagan desde mil pantallas. ¡Cuidado con los itinerarios creados por el mercado, cuidado con las masas y las inercias, con los pobres modelos hegemónicos televisados; cuidado con los espejismos de libertad!

Si la pasión de los entusiastas se hace (y no nace), cabe preguntarse cómo el imaginario visual contemporáneo contribuye a alimentar determinadas pasiones. Es decir, cómo ese «hacer» se desplaza de los tradicionales ámbitos del saber y la cultura (escuela, institución y familia) hacia las figuraciones propuestas (y reiteradas) en películas, series, redes y videojuegos. Me pregunto cómo se dosifican en un mundo vestido de anuncio publicitario, personalizado para cada cual, previa actualización de nuestros datos de consumo (gustos, clics titubeantes, derivas o preguntas a Google...). Clama entonces cuestionarse: ¿cómo nos estimulan, resistiendo o sucumbiendo a los modelos que ejemplifican posibilidades creativas (que son posibilidades identitarias) hoy? Si en algún momento de su infancia la pasión por crear o investigar punzó a los jóvenes de ahora, la posibilidad de un futuro dedicado a estas pasiones se vislumbra como un espacio carente de modelos de posibilidad en los imaginarios hegemónicos, mostrando un desajuste no solo entre lo que se estudia, lo que se vive y lo que se sueña, sino en lo que silenciosamente se espera de nosotros. ¿Cuántos investigadores, científicas, artistas e intelectuales encuentran en su mundo de referencia los jóvenes y adolescentes de hoy, especialmente en el mundo televisivo, fílmico, de redes y videojuegos? ¿Quién desea ser poeta o investigador difuminados en su precariedad?

Después de ver lo que consumen y se les proyecta (y lo que no), a quiénes se les proyecta qué y a quiénes no, a nadie extraña que lo que más moviliza sea aquello capaz de reunir a seguidores o fans para triunfar en una pantalla. La lógica de mínima inversión y mayor beneficio que se sustancia en celeridad y prejuicios. Nuevos formatos pero viejos clichés, especialmente de género.

La vocación no es algo heredado con lo que se nace por tener un cuerpo, la vocación es algo que construimos culturalmente y cuyo estímulo en libertad precisa «diversidad» y un mayor esfuerzo de la institución educativa para sintonizar el mundo y lo posible. Es complicado imaginarse «ser» aquello que apenas se conoce o aquello que no ofrece referente alguno, aquello que está coartado por una imaginación lastrada y una realidad borrosa y frágil como la de los entusiastas. Y creo que esta limitación contribuye a difuminar la posibilidad de futuro de no pocas personas creativas.

3. FORMACIÓN, TRABAJO Y EMPLEO FEMINIZADOS

> Lo de convertirte en emprendedora es un tobogán de ilusiones y decepciones pero he de deciros que es una experiencia apasionante» (escuchado esta mañana en el *Diario de la crisis* de la Cadena Ser a una mujer que había sido despedida tras una baja por enfermedad y que acaba de montar un negocio junto a su hermana, despedida a su vez tras una baja por maternidad).
>
> O. SALAZAR,
> «Una experiencia apasionante» (post de Facebook)

Sibila en la ventana. De la casa de enfrente sale un espléndido aroma a guiso elaborado por una mujer. También huele el asado que hace su marido en el restaurante cercano donde trabaja. Siendo las mismas prácticas, una implica producción de bienes que conllevan un sueldo y un empleo, otra implica producción valorada como consumo y un vínculo (biopolítico) en el ámbito doméstico. Una supone un pago nominal y económico y otra un pago difuso en la estructura familiar. Puede que ambas sean movidas por un placer, incluso vocacional, pero la sociedad las conceptualiza de manera distinta.

Me pregunto bajo qué lógicas muchos trabajos que han aparecido en los últimos tiempos en Internet son considerados o no empleo. Bajo qué lógicas el género de quienes los realizan resulta un elemento determinante en esta consideración y en la precariedad contemporánea. Porque a priori parecen aquellas vocaciones capaces de sostener la infraestructura tecnológica las más susceptibles de convertirse en empleo. Junto a ellas también aquellas prácticas orientadas a la acumulación de seguidores. Las reconocerán por inscribirse en la lógica neoliberal de los datos y de la movilización de grandes números y masas, una ley de oferta y demanda que se retroalimenta.

Sin embargo, en la zona liminar donde muchos consumen en la red lo que parcialmente están produciendo, transitando ese limbo de la práctica creativa no rentabilizada, algo recuerda a los trabajos que tradicionalmente han desarrollado las mujeres en el contexto doméstico. Aquellos que han sido conceptuados en el ámbito del consumo y no de la producción, a pesar de contener actividades de producción de bienes (como la comida y ropa, por ejemplo) y de servicios (limpieza, cuidados). Aquellas prácticas que se han hecho vulnerables para que las mujeres reduzcan sus jornadas de trabajo o para empujarlas a un despido camuflado de abandono por maternidad.

Lo aprendemos pronto, hay un claro poder en la definición e inscripción de las prácticas que consideramos trabajo como prácticas que puedan (o no) dar autonomía y poder a los sujetos que las ejerzan. No debiera extrañar entonces que nos preguntemos: ¿cómo y quiénes gestionan el universo simbólico para definir de una u otra manera las prácticas y sus límites? Porque hay una significación construida y sesgada que ubica a las personas. La hay si en la pregunta por el poder advertimos que sigue siendo masculino y de quien acumula el capital.

La formación ha sido a menudo el elemento que permitía cambiar las cosas, romper las tendencias e, incluso, cuestionar formas de poder. Pero la educación tiene también una tradición, una historia de posibilidad o negación estructural a determinadas personas. Y justamente el género de las personas ha sido razón de exclusión de determinadas actividades y de aliciente para otras.

Tradicionalmente, en el mundo occidental la formación de las mujeres se orientaba a prácticas atrapadas en el limbo de la indefinición o la ambigüedad. *Sus labores, ama de casa, tareas domésticas...* Cada época las ha vestido de palabras distintas pero siempre orientándolas a los cuidados y el ornamento, y especialmente a la biología.

En mi libro *(h)adas* enfatizo esta ambigüedad como clave de poder sobre las mujeres a través de palabras como *prosumo*,[1] palabra que en este caso me permite enlazar prácticas domésticas con prácticas en la red. Entendida aquí como actividad híbrida que conlleva consumir lo que se ha producido parcialmente. Me parece que el limbo al que apunta nos permitiría establecer nexos entre una clásica forma de prosumo feminizado como ha sido el trabajo en el hogar y el prosumo de la práctica creativa en las redes.

Veamos, el prosumo doméstico ha sido considerado consumo «productivo» donde han estado presentes la producción de bienes y servicios. Un consumo fuertemente feminizado que ha caracterizado el trabajo en el hogar y la elaboración de bienes –no remunerados– proporcionando un excedente de dinero o de tiempo para que habitualmente los otros que viven en casa puedan leer, formarse, jugar, sanar, descansar, crear o desarrollar actividades sí pagadas.

En el ámbito de Internet y de la cultura creativa el prosumo señala cómo el sujeto conectado no es ya un ser pasivo que escucha, lee y asimila información, sino que la construye, manipula, se la apropia y resignifica en un marco de transformación de las formas de recepción y acceso a los símbolos, en lo que autores como Canclini denominan un «nuevo estatuto del consumidor de símbolos»,[2] donde los

---

1. En *(h)adas* me refiero por *prosumo* a la actividad situada entre la producción y el consumo en la que tradicionalmente se han enmarcado las tareas domésticas en el ámbito de la antropología económica. Este concepto se desarrolla con algunos otros matices y acepciones relacionados con el consumo cultural y vinculado a Internet en el capítulo III de dicho libro.
2. Néstor G. Canclini, «Google es más poderoso que las cadenas de tv o las discográficas», *Revista de Cultura Ñ. Tecnología y Comunicación*, 2011: http://www.revistaenie.clarin.com/

consumidores son resignificados pudiendo modificar e intervenir lo recibido haciéndolo circular de nuevo de manera descentrada.

La forma en que las mujeres intervienen en la red participa activamente de este prosumo online, pero sigue estando implícito, transversalizado o tematizado, ese otro prosumo de cuidados y trabajo doméstico que ha marcado identitariamente a las mujeres de distintas culturas. Tengo la sensación de que no pocas formas de precariedad en las redes se sustentan en el prosumo, bajo espejismos de solidaridad, novedad y vocación apoyados en trabajo colectivo y feminizado.

De hecho, llama la atención cómo empleos creativos y culturales hoy siguen un camino donde la ambigüedad ha sido empleada para difuminar su trabajo, bajo perversas formas de consideración que hacen borrosa su denominación y pago. Alimentar un sistema apoyado en el entusiasmo y en la suficiencia de un pago inmaterial es otro factor que nos resulta tristemente familiar. Bien promoviendo la resignación o bien sustentándose en la idealización de prácticas vocacionales, afectivas y altruistas, allí habita mucha precariedad feminizada, ese terrorífico mito de las mujeres que ya están pagadas con el «amor que reciben».

Sugiere Steyerl[1] que en esta parte del mundo el trabajo cultural (que yo ampliaría marcadamente a parte del académico) supone nuevas formas de explotación y un alto índice de trabajo no remunerado, pero no más que el trabajo doméstico y de cuidados. Esa increíble multitud silenciada de trabajadoras afectivas controladas, que en muchos casos interseccionan esta doble dificultad: precariedad del trabajo cultural y del trabajo de cuidados, ambos feminizados.

---

1. H. Steyerl, *op. cit.*, pp. 99-100.

4. NUNCA EL PODER COMIENZA EN LA GUERRA

> Quise ir a la guerra, para pararla,
> pero me detuvieron a mitad del camino.
> Luego me salió una oficina,
> donde trabajo como si fuera tonta,
> –pero Dios y el botones saben que no lo soy.
>
> GLORIA FUERTES,
> «Nota biográfica», *Poemas del suburbio. Todo asusta*

Nunca el poder comienza en la guerra sino en las relaciones entre las personas: un empleador y un empleado, un padre y un hijo, una mujer y un hombre, ustedes y sus vecinos, nosotros y quienes nos prestan dinero, usted y yo, los que nos miran y callan, los que están al lado y ríen. Quizá un futuro igualitario, más igualitario, estimularía las condiciones de libertad que nos permitirían elegir sin la sentencia de la cultura pasada y sin el mundo de al lado como guardián de esa tradición. Pero ahí, en esa expectativa silenciosa hilada al forro de las palabras y «las personas de al lado», habita el poder.

Los tiempos recientes traen consigo la quimera de logros de igualdad que solo son incipientes y siempre reversibles, que apenas muestran un fragilísimo brote de lo que pudieran ser. Logros tan vulnerables que a poco que se descuiden se hacen pequeños o se revierten, tergiversando palabras y cambios, cayendo en argumentos que posicionan el pasado como horizonte futuro. La desigualdad deducida de estas posiciones damnifica a toda la humanidad pero somete a pobres y a mujeres, convirtiéndoles en agentes partícipes de su propia subordinación, cargándoles con la presión de tener que resolver ellos lo que otros armaron. No, no se puede exigir a los sometidos un comportamiento heroico, ni limitar a las mujeres el ejercicio de construcción de igualdad. Esto es asunto de todos.

Pero resulta que el mundo se acomoda a las estructuras ya asentadas y que formas de desigualdad estructurales conviven hoy con un mundo de mayor precariedad del sujeto, de mayor precariedad laboral. En los años recientes de crisis y aún ahora, ha sido evidente cómo cuanto más delegaba el Estado en sus responsabilidades, más perjudicadas salían las mujeres. Cuanto más se alimenta ese entusiasmo de hacer las cosas aludiendo a una *responsabilidad personal* (que libera a la *responsabilidad social*) apoyada en un vínculo familiar o de tradición educada, más abuso de poder se ejerce por parte de quienes lo ostentan.

En el entusiasmo que define las prácticas culturales y académicas contemporáneas (en sus niveles más precarios) es fácil caer en la competencia brutal, en la entrega a una causa intelectual o creativa que movilice lo más profundo, donde trabajar gratis sea defendido (por quien contrata) y aceptado (por quien trabaja) como la mejor vía para alimentar una práctica más valiosa que el dinero, algo que (perversamente parecen decir) «no puede ser pagado porque tiene otro carácter, pertenece a otra dimensión» (espiritual o estética en la creación, y afectiva y desinteresada en el mundo doméstico). Pienso que ambas prácticas han sido y están siendo objeto de máxima vulnerabilidad para quienes las ejercen.

Entretanto, se asienta una dura defensa ideológica de la responsabilidad individual exigiendo a cada cual que maximice su valor de mercado como propósito vital. La obcecación en este objetivo excluye a muchas mujeres de una batalla que sienten perdida de antemano por la expectativa que la sociedad pone en ellas, pero también hace que la población se habitúe a la desesperanza.

La conciencia quema y el hartazgo clama. Advertir esa

vieja desigualdad no solo nos previene sino que nos posiciona a exigir con urgencia fórmulas más justas. No cabría perder de vista las políticas con las que se instrumentaliza «el valor» de ese otro pago «no material». El pago no económico, presentado como pago suficiente cuando hablamos de pago creativo, o el pago atado a los lazos familiares y afectivos del trabajo doméstico, curiosamente marca a personas que o son pobres o/y son mujeres.

Y claro que los pagos simbólicos importan, más si cabe teniendo en cuenta la desconfianza que genera quien engaña beneficiándose de su poder. La credibilidad, como el afecto, como el reconocimiento social, son pagos necesarios, son pagos valiosos, pero nunca pueden ser pagos suficientes. Son maliciosos si no se realizan sobre un suelo material que ofrezca garantías de vida digna, mayores grados de libertad para evitar actuar con «miedo» o con «heroicidad».

No es lo mismo pagar con reconocimiento a un rico que a un pobre. Porque son fuerzas increíblemente conservadoras las que alimentan este pago inmaterial como algo suficiente. Pago inmaterial que en el rico se convierte en *prestigio*, y en el pobre en *frustración* y abandono por necesidad de dedicar sus tiempos a ese otro trabajo que le permita «vivir».

Los entusiastas quieren mantener su esperanza en el compromiso de las personas con los otros, una esperanza que pide inaugurar reflexión y cambio sobre las relaciones trabajo-sueldo, sobre el valor de lo que «no es dinero» y sobre mecanismos que perpetúan a los pobres como pobres y aumentan la riqueza de los ricos.

Sibila quiere pensar que hay algo nuevo en los últimos tiempos, cuando sus representantes públicos prometen trabajar ejemplarmente contra el giro de esta rueda y la resonante desigualdad de quienes acumulan tanto, y de tantos sin apenas nada. Pero la frustración aumenta y duele cuando las promesas no se cumplen y la corrupción aumenta. La herida convive con la esperanza exigente al observar cómo vecinos y hermanos que antes eran precarios, ahora ejercen como políticos. Llamativamente, en este tránsito siempre se les pedirá más, porque vecinos y hermanos son los que nos proporcionan medida y contexto en el mundo.

5. SIBILA CUIDA

> [...] esta criatura prescindible se encuentra entonces bajo las directrices de una moralidad política que exige responsabilidad individual o que opera sobre la base de un modelo de privatización de la «asistencia».
>
> JUDITH BUTLER,
> *Cuerpos aliados y lucha política*

¿Conocen esa sensación de que la vida puede consumirse en un instante? No me refiero a momentos de plenitud que condensan sentido o belleza, sino a momentos que parecen acelerar nuestra vida haciéndonos envejecer de pronto, amontonando lo que suplimos de tiempo con sucedáneo de vida, colocándonos en situación de caída, cercanos a momentos determinantes o que vivimos como tal.

Esta sensación a la que apunto viene a menudo mediada por una llamada de teléfono, vestida de noticias que te buscan y te encuentran en tiempo real, resituando todo tu futuro ante un pozo que hace de boca del mundo, diluyendo aquello que deseabas o buscabas con pasión: «Lo siento, no fuiste admitido», «Nos quedamos en paro», «Alguien enfermó», «Debes dejarlo y buscar un trabajo de verdad», «Tienes que volver».

Cuando conceptos como *responsabilidad individual* y *libertad* tensan la cuerda de la pobreza es cuando esta resulta determinante para claudicar. Cuando la política y el sentido comunitario de responsabilidad delegan en la economía y rentabilidad de los sujetos es cuando se hacen prescindibles o molestos, empujando a que otros palien lo que ha sido desahuciado de la asistencia pública, poniéndose en la cola de un futuro y próximo desecho. Pasa entonces que la vida se traduce en cálculos fríos sobre cuánto produce y cuánto cuesta una persona si está enferma o es anciana, derivando la responsabilidad social a la individual, sacrificando a quienes cuidan, dibujando un claro y silencioso perfil de personas desechables.

¿Por qué cuanto más pobre es un contexto, más responsabilidades individuales y menos autonomía personal tienen quienes cuidan? ¿Por qué cuanto más abdica la política en su responsabilidad social (educación, sanidad, dependencia e igualdad), menos garantías de justicia social? Cuantas más estructuras sociales y de asistencia desaparecen basándose en razones económicas y derivando a la privatización de servicios, más precariedad y angustia sobre el futuro, tanto de los enfermos, niños, ancianos y dependientes como de quienes se sienten empujados a abandonar sus trabajos (actuales o por venir) para suplir la dejadez social y la irresponsabilidad política. Este fracaso moral es insosteniblemente cruel y es un fracaso social.

Hay en esa «llamada» que reclama poner fin a la emancipación y la autosuficiencia una fugacidad que reubica la vida queriendo condensar años en días y días en horas. Tantos estudiantes y trabajadores creativos como Sibila que la reciben... Y muchos abandonan. No pocas veces en los últimos tiempos había notado Sibila esa sensación y como si esperara el golpe, a veces respondía al teléfono encorvando la espalda y preparándose, por si acaso.

Llevaba solo dos semanas en el extranjero, cuando un familiar la llamó y le reclamó volver porque su madre, aquejada de enfermedades y pérdidas de esas que vuelven irreversible el alma, estaba en el hospital. Sibila desarmó su autoestima laboral, su entusiasmo fingido, su coraza de independencia, y vio cómo los cientos de mujeres de su linaje de mujeres humildes que criaban hijos y cuidaban casa y familia aparecieron frente a ella apuntándola con sus dedos índice y reprochándole su distancia, su abandono, su egoísmo. Puede que todavía hoy en las mismas situaciones se defienda que los hombres luchen y las mujeres sean egoístas si priman luchar a cuidar. Esa presión silenciosa es aquí una gran guerra.

La cohorte de mujeres (también había hombres) de su familia que se le aparece a Sibila le recuerdan su temeridad al no buscar «un trabajo de verdad» y derivar en ese mundo de la creación, que es lo mismo que el mundo de las cosas ociosas que no sirven, o que no están claras.

A nadie extrañó que Sibila renunciara a su beca y comprara un billete de avión, otro de autobús y buscara plaza en coche compartido para llegar al hospital. En el trayecto en el avión Sibila conformó su identidad de pobre bajo la eufemística expresión de clase turista-oferta, que en este caso suponía viajar sin asiento, apoyada en una protuberancia que imitaba algo parecido a un sillín y unos agarres similares a los de los vagones de metro que le evitaban golpearse con el pasajero de al lado. Con lo que pagó por el billete solo tenía derecho a viajar de pie, entrando y saliendo la última y dejando su maleta en la bodega. Los extras de chaleco salvavidas, mascarilla, vaso de agua o saludo estaban reservados a los de la clase turista plus, no a ella, que veía confusa (no está claro si en parte era un sueño o una premonición) la conversión de los «derechos» de seguridad básicos para un viaje en extras con los que comerciar.

No esperaba Sibila poder compartir sus viajes y pensamientos porque hace tiempo que su familia dice no entender su forma de vida. Ya les cuesta comprender que sus idas y venidas tengan que ver con algo productivo que le permita construir un futuro. Tampoco podrá compartir la experiencia de su estancia de investigación donde, salvo su conversación con el señor Spingel, no ha tenido oportunidad de hablar con ningún ser humano, dado que todas las actividades que ha realizado Sibila en estas semanas (comprar en el supermercado, viajar en metro, ir a la universidad, visitar museos, leer y estudiar) han estado mediadas por máquinas y dispositivos que le dan la bienvenida, las instrucciones y las gracias, y apenas ha tenido que pronunciar palabras.

Los grados de gravedad son suavizados por teléfono, pero en su viaje Sibila vino conjeturando opciones más duras para acolchar posibles peores noticias. Es cuando la vida se tambalea cuando Sibila se encuentra curtida en la esperanza, entera y eficaz como acompañante y cuidadora, menos vulnerable, como entrenada desde niña en lo que había visto y en lo que de ella se esperaba. Así, durante días que han sido semanas, semanas intercaladas entre otras que han sido meses, Sibila se ha quedado en un sillón azul celeste de hospital, acompañando y cuidando. Pero los hospitales aplazan las decisiones, quizá porque tienen algo de no-lugar, como un espacio de tránsito o un andén de una estación de tren. En ellos no se habita de veras, solo se espera.

Los hospitales además tienen el poder de recordarnos «de pronto» que somos de carne, por mucho que los mundos que vivimos nos vengan dados cada vez más por imágenes limpias que dejan lo que sangra y supura detrás de la pantalla. Sus pasillos son como una plaza pública, a poco que los transites un tiempo y te sientes a observar, el mundo se te revela en sus negociaciones; pero aquí lo hace desnudo, dejando ver la capa más frágil y a veces abyecta, no solo de los cuerpos enfermos, sino de los sujetos que cuidan. Ese tesoro profesional de la sanidad pública sobre el que Sibila, temerosa, proyecta (para ahuyentar) un futuro de privatización. Un terrorífico futuro excluyente que definitivamente termine por alejar a los pobres de esa otra «vida».

Pero ante todo los hospitales tienen camas para curarse y sillones azules para esperar. En uno de ellos pasa las horas Sibila. Un sillón en apariencia igual a los otros pero con una rajita en la parte superior que da a la cabeza y una más grande como una grieta (más acantilado) en el asiento. El primer día Sibila maldijo su mala suerte porque le hubiera tocado el sillón más roto en lugar del otro, igual de celeste pero más liso y sin raja, ocupado ya por otra mujer en la habitación que compartían. En los interminables días de hospital pasaron por allí hijas jóvenes que cuidaban a sus madres, mujeres maduras que cuidaban a ancianas, maridos que cuidaban a sus parejas, y una noche no pasó nadie y Sibila y su madre pudieron dormir solas en la habitación del hospital. Aprovechó entonces para cambiar el sillón y probar si el sueño mejoraba con el otro, pero nada más lejos. El sillón liso la ayudaba a estirar mejor el cuerpo e incluso a descansar, pero no le permitía ni dormir ni soñar como el roto.

No está claro si se hizo al contexto y a la deformidad de las aberturas de este asiento, o si la espuma ennegrecida de la grieta, en el delirio intermitente de las noches, era transformada por alguna parte inconforme de su cabeza que necesitaba distanciarse y, como si tomara el mando del cuerpo cansado, le prescribiera «una salida a alguna otra parte» como medicina de libertad sin necesidad de salir de la habitación, una salida temporal hacia dentro, por ese sillón. Aquella grieta fue como un suero para esa enfermedad que deviene tristeza cuando se cuida. Porque indudablemente en la vida de quien se quiere libre es tan importante soñar como descansar.

6. LA ADICCIÓN Y EL ENTUSIASMO ARTIFICIAL

Para quien piensa y crea, las heridas del alma pueden curarse con conciencia, pero cuando rebosan y se muestran públicamente, las personas piden pastillas, los médicos recetan pastillas, los humanos de hoy toman muchas muchas pastillas. Pastillas para curar, pastillas para prevenir, pastillas para dormir, pastillas para entusiasmarse, pastillas para evitar sufrir y pastillas para que los pensamientos no duelan. En el pueblo todas las mujeres mayores toman pastillas para la ansiedad, muchos entusiastas toman pastillas también.

Sibila las combina cada mañana con vitaminas y café. Desconfiada como es de su genética, se dice que debe ayudar de manera artificial a un cuerpo plagado de taras y en un contexto que empuja a la tristeza. Como a muchos, su cuerpo le traiciona constantemente y le duele y no digiere, y no puede y se hace adicta. Las pastillas le ayudan a sentir su cuerpo como si fuera un traje que puede manipular; las pastillas como una suerte de biotecnología más discreta para el resto, pero igualmente manipuladora del cuerpo inconforme. Ante el esfuerzo del pensamiento, la rapidez de la química, la necesidad de apagar la ansiedad rápidamente. Sibila la prueba, a Sibila le funciona, Sibila sigue y Sibila «la necesita».

Lo que antes lograba enfrentando las cosas y reflexionándolas, ansiando una felicidad amparada en la búsqueda desde la reflexión, esa que los epicúreos llamaban *ataraxia* o ausencia de turbación, ahora puede lograrla con una pastilla o con otros tipos de droga. La prescripción médica ayuda a desestigmatizar la que ellos recetan y a diferenciarla de la marginal que muchos entusiastas consumen.

Cree Sibila que estaría bien que la pastilla de la mañana le diera algún poder sobrehumano, que la convirtiera en invisible o transformara su color, pero únicamente evita que Sibila se enoje y dé patadas al aire pensando en los pagos que no llegan y que no se golpee ni golpee las minúsculas cosas de su minúsculo estudio.

La seguridad es hostil para quien la presencia sin poseerla. Demasiada vulnerabilidad la de Sibila, demasiada estabilidad la de sus jefes. Antes, la obsesión provocaba angustia y ansiedad, ahora las pastillas la ayudan a docilizarla. Se dice: ante una obsesión quizá cabe acariciarla, mirarla con ternura porque habitará contigo, frente al esfuerzo de entenderla la tentación de apagarla.

No está claro si la química contribuyó o no a lograr su docilidad entusiasta a la hora de buscar contentar a jefes y a la familia queriendo, como muchas otras mujeres, asumirlo todo al mismo tiempo, pero la presión era insostenible. El caso es que en algún cortocircuito del sistema Sibila pensó que debía posicionarse y romper la inercia de siglos, espantar a los fantasmas que le reclamaban hacer lo que siempre se había hecho: los hombres trabajan y las mujeres cuidan, y si tienen que abandonar sus sueños los abandonan. Romper esa deriva es difícil pero es posible, es necesario para la igualdad y responsabilidad de todos.

Puede que las pastillas ayudaran a Sibila a sobrellevar la presión o que fuera una nueva herida cicatrizando en el alma. Lo cierto es que en el trayecto de vuelta a la ciudad visualiza y escucha voces en su cabeza con todo tipo de críticas y reproches de otros y de ella misma.

Aunque la masa que habla en su cabeza es confusa, con frecuencia tiene los rostros de los más viejos pero también de los más jóvenes. En su conciencia todos parecen poder opinar sobre ella, mientras los ahora hombres que de niños compartían trabajos escolares con Sibila desaparecían meses y años del pueblo sin que nadie se percatara, sin que nadie les reclamara. De manera diáfana Sibila notaba que la vigilancia y presión (silenciosa y explícita) sobre las mujeres es más pesada, más si no tienen hijos, más si carecen de trabajo «de verdad».

Puede que para muchos los argumentos de los más mayores fueran previsibles, pero llamaba la atención que grupos de jóvenes venidos de la ciudad, ahora neorrurales y «antes y ahora» precarios, reclamaran en la vuelta al pueblo una crítica al abandono y sus valores implícitos, y animaran a Sibila a quedarse. Cabría advertir que la vuelta para muchos de esos jóvenes era una «experiencia» o una «visita», ajena a los lazos culturales que aprietan a los nativos, una visita más o menos duradera amparada siempre en la reversibilidad de poder volver a sus casas en la ciudad.

Aquellos jóvenes decían reivindicar en la vuelta al pueblo una realidad alternativa que buscaba un mayor compromiso con lo que importa de la vida, sugiriendo a Sibila que renunciara a su vocación y deseos, a su pasión por crear y por vivir (más) libremente. Una justificación que buscando ser crítica e incluso ética escondía para gente como ella más desigualdad y subordinación, legitimando una vida alejada de todo compromiso con la contemporaneidad como experiencia para algunos y como claudicación y paliativo, disfrazado de compromiso, para las mujeres como ella. Tanto tiempo queriendo salir para ser libre sobre si regresar o no.

Para soportar las embestidas y lo que hiere en la expectativa que los otros dejan en su cuerpo, Sibila se ayudaba de vitaminas, cafeína, ansiolíticos y a veces, incluso, de los más duros versos que encuentra, esos capaces de desnudar las vísceras y elevar el entusiasmo sentido sobre las voces de su cabeza. Pero nada resuelve el dilema de los pobres que sienten que deben elegir entre sucumbir soñando con crear o hacer la revolución.

VIII. Cultura y precariedad

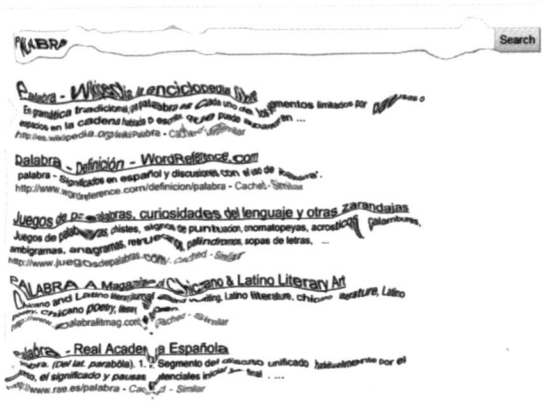

La precariedad es el enemigo declarado de la cultura.

NICOLAS BOURRIAUD,
Radicante

1. SUJETOS DESECHABLES, FUTUROS APLAZADOS

> En estos días en que la economía liberal estructura cada vez más los servicios e instituciones públicas, incluso las escuelas y las universidades, en una época en que tantas personas pierden su hogar, su pensión y hasta la posibilidad de conseguir un empleo, nos enfrentamos de una manera novedosa a la idea de que a ciertos sectores de la población se los considere desechables.
>
> JUDITH BUTLER,
> *Cuerpos aliados y lucha política*

No hay nobleza ni dignidad en una sociedad que precariza y desecha a las personas, a algunas personas. Es esta una forma de mutilar una sociedad promoviendo que los trabajos más vulnerables, los que pronto se hacen prescindibles, sigan siendo de los pobres o de las mujeres, que los trabajos públicos se privaticen y precaricen, que la «generalización de lo descartable»[1] sea en este inicio de siglo lo que más inadvertido nos pasa.

Como si la obsolescencia de las cosas hubiera sido solo un paso hacia la obsolescencia del sujeto en sus formas de trabajo. Trabajo al que se reduce cada vez más la identidad: «soy la práctica que ejerzo». Y, dado que hago muchas cosas, mi trabajo siempre está indefinido. Y puesto que lo que hago no me gusta pero es vulnerable y temporal, esto me permite mantener la esperanza de que en el futuro podré liberar mi tiempo de esa cadena de precariedad y trabajar, quizá, de lo que apasiona o motiva. Entretanto, espero, porque la vida de los entusiastas es una vida constantemente aplazada.

---

1. N. Bourriaud, *op. cit.*, p. 90.

Aquella persona que en algún momento sintió que como humanos la creación nos «salva», parece guardar un tesoro que la hace superior al resto. Ese entusiasmo la moviliza mientras sueña con condiciones para llevar su deseo a la práctica y crear todo el tiempo. En ocasiones se conforma con tirar del hilo en los escasos momentos ociosos que araña a la vida, ensayando entonces esas obras que, de tener un contexto material distinto, piensa que haría plenamente. El entusiasmo íntimo mantiene su apego a la vida como si conociera un secreto liberador.

Los trabajos culturales animan a una implicación entusiasta como manera de evidenciar el valor (inmaterial) de la pasión de un trabajo creativo, intelectual o estético que punza. Pero, simultáneamente, dicho entusiasmo participa en un proyecto de vulnerabilidad económica, sostenido en «unos ganan siempre y otros viven del entusiasmo y la vocación», justificando que se trabaje gratis o se pague por trabajar.

La precariedad en un mundo conectado se alimenta de proyectos encadenados en una lógica de visibilidad y acumulación exponencial. Proyectos que sostienen la ilusión de un futuro más creativo y por fin emancipado. Un futuro visto como inversión capaz de mejorar las condiciones de vida de ahora. Pero, en el pacto, la libertad queda herida, el entusiasmo fingido crea frustración y puede que en el camino el sujeto sea transformado hasta blindar el alma con la impostura.

Del intento de describir al sujeto creativo contemporáneo, se ilumina un tipo de sujeto vocacional y precario en una vida transformada irreversiblemente por Internet. Vida y sujeto marcados por un mundo tan fascinante en posibilidades como tendencioso en sus itinerarios, caracterizado por la obsolescencia y la velocidad, por el carácter de lo prescindible y desechable bajo las lógicas de mercado.

Pero este sujeto creativo cuenta con posibilidades asombrosas en la constante disponibilidad de mundo digitalizado, en las formas de apropiación y circulación creativa. Y si bien los cambios estimulan como respuesta posiciones conservadoras tendentes a enfatizar visiones confrontadas, donde la seducción de lo nuevo se enfrenta a un contrapeso de amenaza, ninguna de las dos posiciones en solitario sería ejemplificadora de la realidad y sus aristas. Aunque en dicha dialéctica me parece necesario, como ejercicio de responsabilidad de todo pensamiento que se diga crítico y se piense político, hacer un mayor esfuerzo por visibilizar formas de poder silenciosas, esas que atraviesan las cosas manteniendo dominios simbólicos bajo epidérmicos disfraces de novedad.

En los últimos tiempos he observado a decenas de compañeros y estudiantes, a amigos, a colegas y a mí misma transitando por esta precariedad. Sin embargo creo que la descripción de la realidad no basta para conocer. Toda descripción es una lente que retiene lo que se percibe de una escena. La descripción a menudo se queda en el vestido, le resulta difícil entrar en las capas profundas que movilizan y frustran a las personas. Por eso considero que conocer algo más la cultura presente en sus formas de precariedad exige un antropológico «juego de lentes». La lente que implica observar con curiosidad crítica desata nudos y zarandea las ropas y las máscaras, sin obviar que una subjetividad mira posicionada. Al observar y observarnos en la cultura siempre interactúan distintas capas que narran y cuestionan, situadas como cuando nos estudian la vista y varios cristales deben entrar en juego para hacernos ver mejor o peor, pero también cosas diferentes en función del color y el tipo de lente.

La precariedad forma parte singular de la cultura de hoy, la atraviesa y caracteriza, la define. En su reflexión es necesario hacer convivir ambigüedades y conflictos, no ocultarlos. No cabe retirar el pie allí donde hay barro o hierba mojada. Tampoco donde la zona es molesta porque asumimos una responsabilidad como parte de lo colectivo. Es clave transitar las capas que permitan extrañarnos ante lo cotidiano cuando nos limitan agencia y libertad, pero también cuando huimos hacia delante formando parte de eso que criticamos.

Cuando reflexiono sobre precariedad quisiera primar esas lentes que intentan comprender más y mejor la contemporaneidad desde enfoques distintos, desmontarla, describirla y observarla desde ángulos diferentes (ustedes, nosotros, yo, ella). De todas, una me parece imprescindible, la lente íntima y política que señala si aquello que se observa contribuye (o no) a sostener formas de desigualdad. Sibila usa lentes, Sibila es una lente.

2. CREACIONES QUE INCOMODAN

> Si el libro que leemos no nos despierta como un puño que nos golpeara en el cráneo, ¿para qué lo leemos? ¿Para que nos haga felices? Dios mío, también seríamos felices si no tuviéramos libros, y podríamos, si fuera necesario, escribir nosotros mismos los libros que nos hagan felices. Pero lo que debemos temer son esos libros que se precipitan sobre nosotros como la mala suerte y que nos perturban profundamente.
>
> Franz Kafka a Oskar Pollak

¿Qué tememos de los libros y la creación que nos perturba? ¿Es la complacencia un resorte en sintonía con los tiempos rápidos? ¿Huyen los entusiastas precarios de lo que se moviliza en la obra creativa evitando sumarlo a lo que les duele aquí y ahora? ¿Por qué a menudo prefieren obras dóciles que reconforten los oídos sin lamerlos ni susurrar cosas que incomodan?

Acorde con los tiempos, algunos entusiastas ceden y trabajan respondiendo a esta demanda de felicidad y autoayuda, pero difícilmente estos trabajos que buscan complacer nacen de la emancipación ni la logran. La creación debiera cambiar algo interno, parar los engranajes de la máquina humana en su huida hacia delante, incomodar para probar a pensarnos distinto. No son los creadores de época los que se dejan mecer como marionetas por los tiempos que viven, sino los que son capaces de enfrentar su dificultad y hacerla pensativa, hacerla incluso compartida.

Con frecuencia, quienes creamos nos encontramos con personas que nos demandan amablemente obras y libros que todos puedan leer y que les hagan sentirse bien. De forma sutil acontece con frecuencia, pero de forma explícita a mí me ocurrió hace un tiempo. Después de la presentación de un ensayo en una librería, una mujer se me acercó para pedirme esto mismo: que escribiera libros que la hicieran sentirse bien. Argumentaba que ella y la gente en general tenían muchos problemas y lo que buscaban en un libro era paz, entretenimiento y evasión, libros que la hicieran feliz.

En aquel momento quise decirle: «No tengo interés en que todo el mundo me lea, tampoco en narrar un mundo tranquilizador y ficticio para contrarrestar lo que vemos en las noticias o nos pasa en la vida. No tiene que leerme, señora, aunque me gustaría mucho, porque no quisiera ser leída exclusivamente por gente que piensa como yo. Y es cierto que quiero perturbarla y usted quiere razones para seguir como hasta ahora. Pero creo que debiera usted dar oportunidad a lecturas capaces de generar momentos de disensión con su mundo, momentos determinantes no porque acunen y reconforten, sino porque en algo nos zarandean.»

Sin embargo no dije nada. La mujer tenía prisa y yo soy muy lenta pensando y solo fui capaz de balbucear frases inacabadas y torpes desde la dificultad de hablar de algo, que para mí es muy serio, de manera improvisada. Así que me quedé callada mientras la mujer compraba el libro más vendido de la temporada con el que pensaba disfrutar mucho de su verano.

Aquella situación, que viene con frecuencia a mi mente, pareciera hablar de un círculo vicioso por el que inevitablemente lo que nos frustra o nos duele de la vida precaria quisiera ser neutralizado con momentos de evasión, entretenimiento y desconexión de lo que preocupa. Como si salir de ese círculo no fuera posible o la dificultad animara a descartar la alternativa consciente de antemano.

Pero me parece que algo de esta recurrencia se fractura allí donde los entusiastas se socializan entre iguales con lazos no competitivos, diversificando lecturas y creaciones, y creo que esto está sucediendo por ejemplo con las mujeres que leen y conversan, protagonizando cada vez más grupos de lectura. De hecho, pienso que el feminismo y el pensamiento crítico atraviesan cada vez más comunidades específicas, pero también la vida y prácticas cotidianas. Y tiene mucho que ver, pues está ayudando a cuestionar y a cambiar significados y posicionamientos, no sin conflicto, no sin espejo. Porque la conciencia sobre uno mismo aumenta la exigencia sobre el mundo que nos forma y nos transforma. No es igual leer para repetir un mundo que leer cuando se tiene la motivación de cambiarlo. El asunto tiene un mérito destacable, pues el esfuerzo de gran parte de la industria creativa y editorial no siempre suele ser movilizar los textos que perturban. Entre otras razones porque quienes buscan ser perturbados no son rentables, suelen ser minoritarios. Como círculo que se retroalimenta, lo más visto y movilizado se refuerza con aquello que reconforta y se comparte con la mayoría, curiosamente aquello que vende y aspira a lograr grandes números.

En la pasión que moviliza a quienes crean hoy, el gradiente de motivaciones es tan diverso como los sujetos, y en esa línea creo que son las pasiones que buscan una creatividad no domesticada las más perjudicadas por el sistema neoliberal. Lo creo porque estas formas de creatividad suelen ser menos comerciales, van más lentas, requieren tiempo de conciencia, tolerar la incomodidad del espejo, esquivan el mero reconfortar, proporcionan recursos para pensar.

Todavía hoy para muchas personas el acceso a la cultura se limita a la compra del libro más vendido y la visita al museo, al que se va y por el que se camina como quien pasea por un parque. Hoy, en sintonía con las dinámicas capitalistas, a la tendencia de buscar experiencias que reconforten y paseos que entretengan se suman las experiencias que buscan «acumular», materializadas en la posibilidad constante de *descargar* obra.

Sibila lee sabiendo que guarda más libros que tiempo y que si hiciera un cálculo de las horas que habría necesitado para buscarlos en bibliotecas, o del dinero preciso para comprarlos, la cifra sería muy alta. La total disponibilidad de recursos en su disco duro y en la red genera la sensación de control sobre ello, de seguridad a la hora de poder utilizarlos. De hecho pareciera que la mera consecución del archivo participara en un propósito alentado por la época: acumular como dinámica de una cultura apoyada en la posesión no restrictiva. Un mundo de copias y sin originales que permite la plena circulación de obra sin desposeerla.

Nunca antes hemos podido disponer de tanta obra archivada, libros, imágenes, vídeos, películas y música que guardamos como gran museo en nuestras memorias-máquina. Lo hacemos permitiéndole circular para lograr ampliarlo, ofreciéndolo a cambio de más, pero sin perderlo.

Resulta singular esta transformación que vuelve a situar el valor de la celeridad como categoría de ordenamiento. De ella se deduce un cambio del acceso simbólico al conocimiento primando la acumulación de archivos que requieren más tiempo, como los que precisan lectura (aplazados pero acumulados en disco duro), y a través de nuevas formas de percepción más rápida. Formas que no se limitan a lo escrito sino que lo convierten en imagen, vídeo, diagrama, virando la palabra a la imagen, lo escrito hacia la oralidad, la carta donde se narran «tiempos largos» a la mensajería instantánea.

Las tendencias sin embargo no restringen el posicionamiento y la agencia, aunque sí los erosionan. Quizá por ese sobreesfuerzo que cada vez más supone la reflexión, habituados a surfear el texto como una imagen. Sibila lo valora como un triunfo cuando por fin logra *profundizar*. Porque sabe que cuando lee y cuando crea es incapaz de inmutarse, que profundizar le permite experimentar una dimensión, como una flaqueza, que turba hondamente su sensibilidad.

3. CUANDO EL ENTUSIASMO NO ES FINGIDO

> A veces en las tardes una cara nos mira desde el fondo de un espejo; el arte debe ser como ese espejo que nos revela nuestra propia cara.
>
> J. L. BORGES,
> *Arte poética*

> Es difícil para un gobierno darle estatuto al ingenio. [...] solo con que se confiara en nosotros, tendríamos ingenio bastante para salvarnos a nosotros mismos, con tal de que no se interpusieran prejuicios en el camino [...]. Tengo la seguridad de que el único modo de salvar el entendimiento [...] o de preservar el ingenio en el mundo, es, absolutamente, darle libertad al ingenio.
>
> SHAFTESBURY,
> *Carta sobre el entusiasmo*

La maraña vital se hace espesa como magma de vivencias, hilos y babas, pero cuando el entusiasmo «no es fingido» es capaz de iluminarse entre esos nudos con la humildad y ternura de un primer dibujo infantil. Y quizá aquí radica la potencia que salva, la que anima a «volver» y rendirse ante ese verso, esa música, esa inspiración que engrandece la pequeñez humana.

Porque siempre que sea libre, el ejercicio de la práctica creativa será capaz de devolvernos la mirada, de hacernos de espejo (de uno mismo y del mundo). Es como si la creación obedeciera a un impulso que nos revela cosas, mientras nos mueve y orienta tenazmente cuando el entusiasmo no es fingido. Sea algo interno que moviliza o una fuerza externa, vestida como polilla que vuela y nos guía sobre cuerpos heridos o muertos, que a veces vemos como herida, a veces como cuerpos y otras como bella imagen de rojos y pálidos azulados, fundidos. Así imagino yo lo hondamente sensible que se nos presenta a menudo como *inefable*. Porque aunque el ojo no haya visto la muerte, siempre hay algo en quien crea que lo advierte y lo convierte en sensible. Como cuando frente a una bella imagen de un fondo con horizonte magenta que huele a flores y estiércol algo se guarda y se recuerda y moviliza a volver.

La creación es todavía uno de los pocos territorios que nos permite sumergirnos y romper la tendencia de una vida domesticada. Y he aquí que urge diferenciar el *entusiasmo fingido* del *entusiasmo íntimo y escondido,* que sigue fluyendo en hilos o en ríos, que lucha por no claudicar y se reclama «libre».

Creo que la ficción paródica puede facilitarnos este contraste. Puede hacerlo porque se inspira en la realidad pero se libera en la fantasía y en el guiño cómplice. En la parodia encontramos la posibilidad de hiperbolizar en nuestros cuerpos y vidas alguna cualidad de ese entusiasmo fingido que incentiva el sistema, sin aniquilar ese otro entusiasmo que se esconde y espera. Con frecuencia la dificultad del mundo que habitamos entrelaza ambos complicando deshilarlos en sus formas de movilización creativa, dependencia y conflicto contemporáneos. Su confusión junto al hartazgo de la impostura del primero lleva al riesgo de abandonar la creación.

La complejidad se vale cada vez más del contexto traspasado por la vida en las pantallas que he venido narrando en este ensayo. Bajo la sensación de que quizá la realidad no sea ya sino una ventana más de nuestra habitación conectada y la pregunta por la ficción mucho más que un gesto nostálgico, de cuando las imágenes con marco eran prerrogativa de unos pocos y, claramente, estaban significadas desde una perspectiva y poder delimitados.

La ficción se hace cotidiana porque vivimos un mundo de «imágenes sin carne»,[1] que diría Debray. Imágenes hoy también comprimidas para viajar rápido, populares, que pueden ser hechas por muchas personas y expresan su fácil transferencia, apropiación y reformateo, pero también, como sugiere Steyerl,[2] las «contradicciones de la muchedumbre», su «condición afectiva», su «narcisismo», su «distracción», su «paranoia», su «deseo de autonomía», la capacidad de «mostrar sus heridas».

Para los entusiastas que han fingido no pasa desapercibido que los días acontecen en este mar de imágenes y datos, entre solicitudes, gestiones de mediación y trabajos diluidos. Como si el mundo se abandonara a convertirse en un experimento para los «nuevos pobres» que crean y «posan mientras crean», proletarios de la cultura caracterizados por un trabajo entusiasta y productivo. Un trabajo donde la carencia de tiempos para profundizar evita convertir la frustración en resistencia y crítica, donde los vínculos se hacen livianos, pero, en tanto vivos, mutan, están mutando.

Como si los trabajadores se aliaran con las cosas y se hicieran cosas inseparables, y la inercia fuera movilizada por una excitación poderosa que les evitara mirarse a sí mismos más allá de sus incontables fotos. No es fácil recuperar el espejo de la creación como instrumento político y transformador y no solo como apunte de un tiempo. Me pregunto por las palabras posibles que operarían como interruptor de un giro necesario que nos facilite romper esta deriva.

La reiteración de esta idea quiere erosionar y contagiar, por ello insisto: pienso que los tiempos de conciencia siguen siendo cruciales. Y por ello no cabe ceder a las imposiciones de una educación y un mundo desprovistos de arte y re-

---

1. R. Debray, *op. cit.*, p. 97.
2. H. Steyerl, *op. cit.*, p. 43.

flexión, cedidas al apagamiento artificial del dolor y vendidas al mercado y a la prisa. Y no ayuda que la educación y las instituciones públicas no estén sabiendo posicionar su valor y su sentido, enredadas en dominios del pasado, neutralizadas por procesos burocráticos de permanente posicionamiento y autoevaluación, y que sobrevivan apocándose sin resistencia, obedeciendo a las lógicas de mercado, dentro ya de su boca.

Y me digo: no cabe la inacción, cabe probar nuevos caminos. Pongamos: mutar desde dentro, infiltrar la alteridad y profundizar frente a la opresión simbólica de un mundo veloz y excedentario. O quizá (es una tentativa) transformar políticamente los marcos de fantasía (ficción) o, de nuevo, otro y más renovado intento de recuperar los vínculos de solidaridad entre iguales (revolución).

4. VÍNCULOS (IM)PRESCINDIBLES Y DISENTIMIENTO

Piensa Sibila cómo en el debate cotidiano y rápido online no es fácil la dialéctica argumentada, el acceso a opiniones distintas, al disentimiento razonado. Cuando la mayoría de los participantes de una red son «afines» que retroalimentan una causa, bajo la apariencia de diversidad predomina «un único punto de vista» y a menudo falta imaginación y palabra menos vanidosa, más responsable. Ni la inercia promovida por la máquina ni la de una red ayudan a generar duda y a cuestionar, tampoco a pedir tiempo para pensar mejor las cosas. Pero sobre todo parece no estar favoreciendo la diversidad de voces que coexistan sin violencia o sin rechazo. El tiempo ha sido sustituido por un botón que apaga para excluir o bloquear al que disiente y la velocidad anima al exabrupto.

La cosa parece encajar bien en el tipo de mercado que contribuye a «reforzar lo que nos gusta», la convivencia con «aquellos que nos caen bien» y lo que ya hemos elegido antes (sobre lo que dejamos pistas en nuestras huellas online y que la máquina retroalimenta). También la tranquilidad de lo que ya viene interpretado (como pensamiento delegado en la estadística) atrae por la disponibilidad inmediata, pero sin atender a si somos conscientes, si tenemos miedo, si hemos podido elegir, si resistimos o no el bombardeo digital que nos demanda pronunciarnos sobre todo, siempre conectados. La lógica es claramente excedentaria y exponencial y en ella el valor depende del dinamismo de lo acumulado. Porque lo que busca valor se posiciona para ser visto y para «crecer», pero también lo busca como forma para seguir existiendo. Acumular contactos es una de estas lógicas contemporáneas propia de los entusiastas creativos que necesitan una red de apoyo y difusión.

Las redes hacen circular noticias, rumores, hechos y opiniones, invirtiendo la dinámica de «unos pocos hablan a muchos que escuchan» a la de un «todos hablamos al mismo tiempo». La potencia es intensa, pero la posibilidad de dialogar desde la pluralidad no garantiza su ejercicio.

Las formas tecnológicas pero también antropológicas del hoy contrastan con otros tiempos sin los medios de ahora, pero también con otras culturas de «pocas palabras», allí donde «hablar» era algo reducido a cosas y ocasiones que lo merecieran. Nunca antes asistimos a un parloteo semejante al de los medios y en las redes, a pronunciamientos sobre absolutamente todo. Las palabras fluyen y se derraman de autoanálisis y posicionamientos que agotan a quienes las escriben y a quienes las leen (ahí también están los entusiastas).

Hace ya un tiempo que la comunicación y la mediación en las pantallas lo es todo o es *mucho,* revalorizando el *parecer* frente al *ser.* La forma se ha convertido en un elemento determinante para diferenciar al poderoso inscrito en el sistema de la impostura, del ser humano impulsivo y espontáneo, imperfecto pero humano, que siempre busca «hacer sentir» que dice la verdad. Y creo que ese «hacer sentir la verdad» frente a un buscar la verdad es un elemento importante que se posiciona y nos pone en riesgo, porque todo *parecer* es un cambio superficial.

En esta época de precariedad y entusiasmo fingido, conocedores de la desigualdad y vestidos con máscaras de falsa objetividad, confuso el mundo y más desconfiados, lo emocional se ha hecho más fuerte. No ya solo en la política, sino prácticamente todo aquello que representaba una forma de poder profesionalizado (académico, económico, informativo...) es ahora fuente de sospecha.

En este escenario está pasando que, junto a la homogeneidad en nuestras redes, la sobreexposición mediática vuelve hiperpresente a las voces más altas o más estrafalarias; esas que «aparentan» y se apoyan en lo emocional, convirtiendo en lema aquella idea de que es bueno que hablen de uno aunque sea mal, más si cabe en un mundo donde la popularidad renta y las masas se activan a golpe de clic.

Como efecto, esta situación paralela a la profunda crisis económica y al desvelamiento de los sistemas corruptos de poder ha generado dos respuestas que muchos quieren igualar, pero que son profundamente distintas.

De un lado, no pocos intentos de revolución ciudadana dispuesta a habitar las contradicciones y la dificultad de lo nuevo, es decir, una fuerza que surge desde «abajo». De otro, movimientos diferentes (no cabe confundirlos, ni polarizarlos), simplificadores de mundo pero potentes en su demagogia, y en este caso favorecidos por la velocidad y la saturación, y manipulables desde «arriba».

Pienso que los primeros (integrados por numerosos trabajadores precarios y creativos) reivindican diferencia y pensamiento, pero el sistema excedentario y veloz no se lo pone fácil. Sí se lo facilita, sin embargo, a esos otros que no ocultan su corte fascista y dogmático, capaces de apropiarse sin rubor de la voz del pueblo y de la frustración, racistas, machistas y homófobos, les atemoriza la novedad y azuzan de manera obsesiva la idea de complot. No, no cabe confundirlos. Mientras unos buscan empoderar a la ciudadanía otros la cosifican.

Este mundo que palpita tensión en presente mientras escribo ha favorecido que valores que importan se nos escurran de las manos. No ayuda que el capitalismo se haya construido sobre lazos que prescinden de vínculos morales entre las personas, como tampoco ayuda la injusticia retransmitida en las pantallas de manera constante. Haciéndonos creer que algo tenemos que hacer hasta que descubrimos precariedad a este lado y la parálisis se vuelve respuesta y excusa. Cabe pensar que la justicia, cuando existe, no siempre se hace visible. Pareciera tener menos audiencia. Quizá porque es más compleja y más lenta. Puede que por ello necesitemos hoy más que nunca visualizar y compartir la justicia, volver a confiar.

Me parece profundamente necesario como humanos reconocer sinceramente hacia el otro un «me importas», «te importo», un «nos importamos», apoyado en la *igualdad* y el *conocimiento,* esa esencial forma de verdad que no cabe reducir a una falsa y reduccionista idea de objetividad. Urgiría entonces resituar (o imaginar) nuevos vínculos de confianza, esos imprescindibles para la vida creativa y para la vida social.

5. VISIÓN Y CEGUERA CREATIVAS

> Es aquí donde los grandes guías, los Dantes de nuestra era, los supermarginados como Genet, surgen para conducirnos al mundo subterráneo. Pues, debido a su desubicación estructural, están dotados de visión.
>
> MICHAEL TAUSSIG,
> *Un gigante en convulsiones*

Puede que la visión creativa, ese ver al final del espejo, sea la mayor fuerza de posicionamiento y libertad del sujeto, capaz de revertir las presiones de la pobreza y de los cuerpos que quieren dificultarla pero que no pueden aniquilarla. Dulce imagen matizada, respirada y compleja, la que se ve al detenerse y observar, profundizando, frente a la fugacidad de las imágenes que se mueven como en un tren de alta velocidad sin paradas.

Incomoda que la oscilación de los tiempos lleve a simplificar un todo o un nada, un ojo de buey desde una cárcel o un paisaje acelerado, como si no pudiéramos estar y fluir, perfilar y difuminar. No puede ser que el foco de la concentración desaparezca como si quisiera fundirse con los tiempos, condenarnos solamente a la periferia del ojo, allí donde la imagen está pero no puede delimitarse.

Cuesta aceptar con resignación que la precariedad sea el destino esperado para muchos que apuestan por su pasión creativa con un entusiasmo sentido, que la «ceguera» sea la única forma de sobrevivir huyendo hacia delante, llevados por la desidia y aceptando las condiciones tramposas de un sistema que promueve el trabajo temporal camuflándolo de inversión vocacional, que entretiene en la gestión online del uno mismo y limita la concentración (esa vida subterránea del pensamiento).

El contexto es un mundo excesivo en sus retazos, dado al párrafo frente a la página, a la imagen frente al texto, al verso suelto frente al poema, al titular y nuevamente a la proliferación del dogmatismo, a la vulnerabilidad de aceptar que hay personas desechables (no rentables) para las que la ejecución de un trabajo es considerado ya su pago.

Ocurre además que una de las grandes dificultades que arrastra la época entusiasta de ahora es ceder a la opresión cuando se disfraza de oportunidad y diferencia. Cabe entonces sospechar que sean especialmente pobres y mujeres aquellos de los que se espera (tal vez ellos mismos lo esperan) que hagan las cosas con más entusiasmo, que les movilice el deseo de no sucumbir a la expectativa puesta sobre ellos y deban demostrarlo con un plus de motivación.

Hay que estar alerta, porque el pasado se hace escuela, la vida tiene memoria y algo familiar nos recuerda que así como ahora muchos trabajos se pagan con reconocimiento y visibilidad, por mucho tiempo el trabajo de las mujeres se pagó con dependencia y amor. No es inocente esta analogía que permite identificar cómo el entusiasmo es fácilmente utilizado para valerse de quienes trabajarán gratis y hasta puede que den las gracias, reforzando desigualdad. La claudicación será entonces algo esperado, alimentado, y para sus protagonistas frustrante.

La ansiedad productiva es la cara b del desencanto de quienes llevados por la inercia de la velocidad y el exceso de un capitalismo global y un mundo conectado no pueden «parar» ni detenerse a reconocer la lógica laboral donde sus vidas se insertan. Los trabajadores hipermotivados aprenden a trabajar como candidatos o aspirantes, con la esperanza de lograr al menos un trabajo o beca precarios como premio a su flexibilidad infinita. Recompensa que tal vez les permita crear, pero también con el riesgo de sucumbir a la presión estructural.

Es difícil responder a esta situación de manera propositiva sin caer en un optimismo fingido y ligero, porque este contexto que alimenta la frustración y la feminización de la precariedad creativa no es algo simple. Pero sí es modificable. Las dinámicas y los poderes que la construyen social y culturalmente pueden ser reconfigurados y mejorados, sus códigos pueden ser reescritos. Entre otras cosas, porque no intervenir esta arquitectura social y laboral supone perpetuar modelos de desigualdad que nos harían fracasar como humanos.

El ser y la visibilidad

El marco neoliberal traza un contexto que atraviesa el trabajo creativo hilándose a la *cultura-red*. Ambos singularizan época en sus formas de potencia y limitación. Pero no están claramente diferenciadas. Toda potencia se entrelaza con formas de sujeción. Como el hecho de habernos convertido en «productores» en las redes, «todos creadores de obra». Una potencia creativa y democratizadora que conlleva transitar por el exceso. Allí donde la saturación funciona (puede hacerlo) como forma de ceguera, donando un increíble valor a la tecnología y los dispositivos de visualización de mundo online. «Ver» (ser visto) se convierte entonces en un gran poder, el que otorga valor «visibilizando», esa forma de *existencia* en un mundo conectado.

Y resulta llamativo que en un tiempo definido por la extrema disponibilidad de información y datos, cargado de pruebas, hechos e investigación, nuestra vida esté más que nunca sometida a la «apariencia», al ser vistos, expuestos a la caducidad, a la precariedad de lo desechable. Llevados por la búsqueda de influencia y visibilidad, se pretende recompensar la opinión personal más alta, la más emotiva, la más radical, la que congrega y refuerza a «los que piensan lo mismo». Los caminos del diálogo entre distintos y del pensamiento profundo no suelen funcionar en las redes rápidas y en los tiempos precarios, porque requieren pausa, tolerancia a la contradicción, consenso, negociación, empatía, diversidad de voces. Sin embargo, ¿no serían los verdaderamente transformadores?

Lejos de las viejas identidades fuertes que llevan al dogmatismo de la celeridad, las formas creativas y emancipadas del *ser* necesitan abrirse a la ambigüedad para pensarse libremente. Por eso, creo que tendrían más que ver con «la afinidad» que con la identidad. Su cohesión necesitaría nuevos pactos éticos que aumenten la solidaridad «sin aniquilar al sujeto» ni diluirlo en masas homogéneas, movilizadas como nubes de insectos.

Toda revolución comienza siendo pequeña. Muchas de ahora son mediáticas, se conforman movidas por sentimientos y *posverdad* y continúan como huida hacia delante, perjudicando a los pobres, a las mujeres, a los enfermos, a los que no tienen patria y a los más precarios. Pero me pregunto si no serán posibles esas otras llevadas por el contagio y la conciencia de los que sufren desigualdad, a los que hoy se suman precarios sin grandes épicas, creativos y pacifistas, queriendo recomponer la solidaridad entre iguales sin matar la diferencia, recuperar los vínculos con los otros desde una renovada *responsabilidad social*.

La educación, el arte y el mejorable valor cuantificado

Como sujeto, al observar con admiración y sospecha lo que encuentro, puedo ser algo más. Un «soy» que se resiste a igualarse a «dos mil registros, doscientas diez visitas, novecientos cuatro seguidores...». No puedo olvidar que los algoritmos que nos facilitan las cosas también suelen dejar fuera las zonas de sombra que se rebelan, la herida, lo inesperado, aquello de lo que no hablamos, ese detalle o esa preocupación silenciosa pero compartida que me importa en la vida. Justo sobre los que suele tratar la mirada artística, la mirada crítica, la mirada inconforme, la que requiere conciencia. Tristemente la que parece desmantelarse cuando en estos tiempos se infravalora la educación, el arte y el pensamiento (especialmente, si no son rentables).

Uno de los riesgos del asentamiento de nuevas formas de valor en el mundo conectado es la primacía de criterios meramente cuantificadores camuflados como neutrales. Criterios a los que parecen ceder sin demasiada resistencia las instituciones que gestionan el conocimiento. Y me parece que la academia (doblegada a lograr índices de impacto y entretenida en burocracias y procesos de evaluación permanentes) es cómplice de esta deriva y debiera repensar su cesión a este dominio, y atreverse con una transformación que revalorice el libre pensamiento y el arte.

Todo sistema numérico es fácilmente hackeable y puede excluir y deshumanizar las vidas. Los sistemas de valor de ahora son claramente mejorables, como lo son las estructuras algorítmicas sobre las que hoy se construye la *cultura-red*. Cabe mirar detrás de la pantalla para descubrir la homogeneidad en quienes (y en la manera en que) producen la tecnología que opera como la arquitectura de la casa. Allí, visiones provenientes de un pensamiento humanístico y artístico son cada vez más necesarias y debieran ser también demandadas. Tanto para liberar la imaginación tecnológica de sus lastres como para identificar la pervivencia de programados prejuicios que en su planificación tienden a repetir estereotipos. No es baladí identificar como una de las claves de la mejora de los vigentes sistemas de valor el refuerzo del trabajo creativo y reflexivo en los sectores tecnológicos, la inclusión de trabajadoras y trabajadores creativos.

La luz cegadora y la creatividad

Incluso cuando la luz es cegadora, cabe mirar la sombra y lo periférico, los no visibles y los menos visibles, los que, solitarios, trabajan en sus habitaciones conectadas cargados de deseos. No pueden diluirse en un capitalismo cultural que todo lo vende y todo lo compra, que precariza y entretiene como norma y diferencia a los prescindibles metiéndolos en la rueda de la pobreza y el entusiasmo fingido, prometiendo un futuro que siempre se aplaza y se apaga.

En la sociedad que gusta de una visión constante, casi sin parpadeo, los problemas de visión no son solo de nuestros ojos cansados y mejorables aparatos de colágeno y células, sino de los aparatos sociales. Pero, en ambos casos, tanto el cuerpo social como los cuerpos con voluntad pueden buscar –cuando hay «conciencia»– maneras de liberarse y convertir las taras en puentes, la ceguera en manos más grandes. Todo se ve en lo que media, toda respuesta transformadora requiere un imaginar. Porque tenemos la voluntad de integrar para interpelar por el sentido, incluso cuando gran parte de lo que se siente exhibe con vehemencia su no-sentido.

En este asunto está en juego la libertad pero también la visión. La visión que surge al dar unos pasos atrás y ajustar el zoom con que observamos las cosas, alejándonos para identificar las fuerzas de poder que atraviesan la cotidianidad con un poco más de distancia, advirtiendo que el aumento de la precariedad de muchos es paralelo al aumento de la riqueza de unos pocos. Ciego es quien no ve la injusticia.

Pareciera que la precariedad de lo descartable se aliara con esta tendencia de huida hacia delante. Como si ante la crítica a un poder regodeado en la centralidad, la exclusión, la palabra y el ojo (que enfoca lo que importa a quienes mandan mientras ellos se hacen invisibles), la imagen fragmentada y la celeridad se volvieran vengativas y se rebelaran. Como hacen los niños dolidos («ahora sí, ahora no») o los malos políticos incapaces de atar lazos, y siempre polarizando el conflicto. Pero no se trataría de oscilar forzadamente, ni de contraponer centralidad a periferia, matemática a literatura, algoritmo frente a retórica, sin valorar que las referencias y las casillas que nos ordenan están prejuiciadas, que la imaginación está lastrada, que la creatividad busca alianzas. Las contradicciones conviven, y en ellas los matices que nos diferencian más en gradientes y afinidades que en identidades que excluyen, maniqueas, en un «esto o lo otro». Sin reflexión ni fantasía se penalizaría toda ideación de mundo, condenándolo a repetirse. Pero también se dificultaría toda agencia política capaz de señalar injusticia desde la denuncia y la imaginación de nuevas tentativas. Por eso, la creatividad que surge del entusiasmo sincero es un arma que debe ser radicalmente libre, urgentemente valorada.

Fuera de obra (después del entusiasmo)

Sibila es el nombre, pero la vida pertenece a cientos de mujeres, estudiantes, compañeros y desconocidos que transitan por este inicio de siglo entre la pasión creativa, la confianza en que el futuro será mejor y la precariedad que (casi) les neutraliza. Después del entusiasmo llega el agotamiento y quizá la desorientación, pero me parece que para ellos (para nosotros) la «conciencia», la «solidaridad» y la «imaginación» pueden ser grandes aliadas.

La ficción

> Exiliarse no es desaparecer sino empequeñecerse, ir reduciéndose lentamente o de manera vertiginosa hasta alcanzar la altura verdadera, la altura real del ser.
>
> ROBERTO BOLAÑO,
> *Entre paréntesis*

Sibila puso demasiado rojo en sus labios, demasiado perfume en su ropa, demasiada cafeína en su bebida, demasiadas palabras de frustración acumulada dirigidas a sus jefes y estalló públicamente. Creyó que esta vuelta de tuerca la ayudaría a agotar su entusiasmo por puro exceso, produciendo un cortocircuito que la hiciera parar e interrumpir el sistema. Pero el cambio fue solo interno y nada relevante pasó afuera.

Sibila vivió ese cambio primero como una náusea y después como un pliegue, como si el cuerpo se le diera la vuelta a la manera de esas prendas reversibles que, en su caso, dejaron ver una Sibila llena de cicatrices y aristas, un ser irregular y comprimido alejado de su sonriente imagen anterior. Su imagen ahora proyectaba la fuerza de unos ojos asimétricos y rojizos, de un cuerpo minúsculo, más pequeño, como esas frutas que liberadas de pieles ven llamativamente reducido su tamaño, una Sibila semilla, desnuda, exiliada.

Desde su nuevo tamaño Sibila ha tomado partido por no empequeñecer más, por valerse de lo que en estos momentos sabe para vivir por otros caminos y buscar otros «oficios terrestres». Piensa que ahora que todos están ansiosos y que, estáticos tras las pantallas, son cada vez más gordos, les vendrá bien algo de fruta. Que entre tanto alimento procesado la gente valorará el sabor y el tacto de aquello que es cultivado con garantías, que ella tiene manera y voluntad para conseguirlas y puede ocuparse, que abrirá una frutería. Sibila adora la piña, la pera y la naranja.

Claro que esto es solo el disfraz de su propósito, del deseo que la moviliza. Porque todos saben que tener un trabajo que te defina precisa compartirlo, que una práctica tiene sentido ante la pregunta nada banal: *Eh, Sibila, ¿tú a qué te dedicas?* Para Sibila es la respuesta a esta pregunta lo que realmente importa, y lo ha planificado todo para por fin poder responder: «Trabajo en filosofía.» Y puede hacerlo porque este es el nombre de su frutería. Así reza el precioso cartel que ha colocado en la puerta, «Filosofía», escrito en grandes letras blancas perfiladas en negro junto a un dibujo de coloridas frutas tropicales.

Sabe también Sibila que la respuesta es importante pero no suficiente y que debe cuidar su actitud y su pose, incluso su estética, optando por pasar más desapercibida, por vestirse de gris y difuminarse como una sombra, renunciando a su máscara anterior y construyendo otra (primero jaula, pero se hará pájaro), recuperando sus viejas y magnánimas gafas de miope y la chaqueta de su padre. Y así Sibila ha adoptado otra apariencia, como un disfraz de palabras e imagen que curten su piel con la seguridad que imposta el atuendo y el tono de voz, dejando fluir aquello a lo que antes dedicaba gran parte de su tiempo (escribir y pensar como cabe esperar de quien se dedica a la filosofía). Cierto que ahora vende fruta para ganar dinero, pero como quien da clases para ganarse la vida. Pensarán algunos que vive en la ficción, pero Sibila la integra y normaliza en su cotidianidad (¿acaso no son también artificiales esos otros pactos convenidos?).

La escisión entre el trabajo y su pasión es solo aparente, pues, liberada de las exigencias burocráticas de los trabajos académicos, nunca Sibila ha sido tan autónoma como ahora, nunca ha sentido disponer de tanta libertad para ejercerla en su pensamiento.

Claro que lo acontecido solo debiera afectarle a ella, pero puesto que trabaja en filosofía dedica gran parte de su tiempo, el más pasional, a pensar y a escribir. Lo que escribe les llega a sus clientes entre frutas y libros, contagiando a algunos, perturbando a otros. En breve la Red de Fruterías Sindicales ha hecho palidecer a la Asociación Universitaria de Filósofos entretenidos en autoevaluarse y en elaborar índices publicando informes de justificación de límites e historias.

La mutación

Sibila puso demasiado rojo en sus labios, demasiado perfume en su ropa, demasiada cafeína en su bebida, demasiadas palabras de frustración acumulada dirigidas a los jefes visibles y a los que no veía. Y estalló públicamente. Creyó que esta vuelta de tuerca le ayudaría a agotar su entusiasmo por puro exceso, produciendo un cortocircuito que la hiciera parar e interrumpir el sistema. Pero el cambio fue solo interno y nada relevante pasó afuera. Entre otras cosas porque había una cola de entusiastas desempleados esperando para sustituirla y poco duró la despedida. Fue entonces cuando tomó la decisión de «volver a la tribu», allí donde no tenía que pagar alquiler y donde podía encerrarse en la casa familiar a ejercer su libertad de pobre, recuperar quizá su concentración perdida y abrazar con excitación la paz que le proporcionaba su fracaso.

No tardó Sibila en empaquetar su pequeña casa en dos maletas y tomar el autobús que la devolvería al hogar familiar, siempre al sur, porque incluso cuando se vuelve al norte la vuelta a casa, como a los estratos del pasado, es hacia abajo.

Sibila volvía pero lo hacía «siendo distinta». Ese lugar al que juró no regresar salvo para liberar con luces en los ojos su nostalgia de vida infantil, también era ahora diferente. En el pueblo apenas vivían unos pocos ancianos y sus cuidadoras. Aunque ella no volvía a un pueblo, ella viajaba a un lugar donde construir su tiempo propio, y con ese deseo parecía imposible que Sibila se integrara en la comunidad.

Abandonados a la tierra, bajo ella sus padres, y abandonada la casa familiar, Sibila se instaló y cerró la puerta. Allí ejercía su libertad de manera extrema. Y su libertad consistía en vivir encerrada y conectada a la red. Pronto en el pueblo comenzaron a llamarla «la pusilánime».[1] Los pocos que lograron verla la definieron como apocada e introvertida, triste y envejecida, esa imagen que se espera (o se proyecta) de quien abandona y fracasa. Sin embargo, de alguna manera, Sibila era capaz de responder con un gesto amable a quien lo mereciera, aunque no dejó que nadie tirara de él para hacerla salir de casa.

Desde que explotó públicamente su entusiasmo, Sibila ya no se preocupaba por dar una imagen correcta. Lo que ahora mostraba era un gesto sin impostura, lavado con agua y jabón. ¿Para qué ocultar que le disgustaba hablar con la gente, que le molestaba muchísimo que la interrumpieran en su lectura? Cansada de años de entusiasmo fingido, Sibila ya no tiene que ocultar que hay cosas que le apasionan de verdad, ni tampoco se esfuerza por que la tengan en cuenta, por que la quieran, por que la llamen. Sibila ya no quiere salir, ni viajar, ni trabajar fuera, no quiere volver allí donde le prometen un futuro emancipado porque el futuro es futuro y entretanto su vida pasa y ella envejece.

Fluyeron los días como las horas para Sibila y llegó el momento en que no tuvo necesidad de abrir la puerta. Pudo pasar que los de afuera la olvidaran como con seguridad habría ocurrido en la ciudad, donde no dar señales nunca fue algo preocupante entre los vecinos. Pero la vida en la tribu es justo la contraria, cuando alguien no da señales la comunidad se preocupa, cuchichea y se inquieta. Por eso miraban y curioseaban por los alrededores intentando ver su sombra por las ventanas y deducir que seguía allí, que estaba viva. Por aquel entonces el deseo de Sibila no era salir ni llegar a grandes sitios. Sibila quería moverse en alguna dirección sin que la molestaran. Y poco tardó en encontrar una respuesta. Sibila quería «profundizar».

1. La pusilánime es un personaje de mi libro *Despacio* (Caballo de Troya, 2012), en cuya historia se inspira «La mutación» de Sibila.

Esta fue la razón por la que Sibila quitó las baldosas del suelo y empezó a cavar y a cavar, porque esta era la única manera que encontró para moverse: *profundizar*. Y cuanto más profundizaba, más orgullosa se sentía de sí misma. Como buceando con las manos o ayudada de objetos punzantes, pacientemente, Sibila profundizaba. Llegó tan lejos Sibila que volver a casa ya no era fácil. Y, claramente, no se abandona el hogar sino para buscar otro hábitat, de forma que por un tiempo Sibila vivió en los túneles que construía en el submundo.

Esto pasó a la par que superó el nivel de profundidad compatible con el ser humano, por lo que a partir de ahí Sibila comenzó a convertirse en «otra cosa», algo indefinido, distinto a la entusiasta que fue hace tiempo y a la pusilánime que era en el pueblo. Al principio fue algo así como un cambio de actitud o un malestar general, pero pronto llegaron las transformaciones físicas. Manos, piernas, espalda y rostro cambiaron levemente, acercándola más al aspecto y los movimientos de un roedor. El cuerpo parecía conservar la forma humana que antes tuvo, aunque la vida cuadrúpeda y reptante en los túneles lo hizo más cheposo y pequeño, reducido en un tercio de lo que en vida aeróbica fue Sibila. Despacio, pero de manera continuada, la sensación de no ser humana y ser distinta fue asentándose hasta reconocerse en un estadio intermedio entre el ser humano y el topo, entre la entusiasta y la pusilánime.

Varias veces tuvo que notar la humana-topo Sibila un sentimiento parecido a la nostalgia para determinar que ya había profundizado bastante y que estaría bien volver para pensar con perspectiva las cosas. Fue así como emprendió el camino de vuelta y deshizo sus pasos en los kilómetros de túneles que tanto tiempo había habitado. A su llegada a la casa (desde adentro), la sombra de la humana-topo fue advertida por los vecinos del pueblo. En poco tiempo corrió la voz de que alguien o algo habitaba de nuevo la casa familiar de Sibila. Pero esta vez aquella era una sombra vacía de referencias, una sombra sin metáforas, sin rostro reconocible. Cabría señalar que en la tribu una sombra es el preludio del monstruo, aquello que se enuncia desde el miedo a lo desconocido. Lejos quedaba la sensación que en su vida anterior provocaba la hoy humana-topo, aquella mezcla de pena y condescendencia. Ahora aquel ser producía «miedo». Y es que la sombra de la humana-topo no se parecía a la de ninguna de las personas que salían en las fotos del mueble bar ni en las redes sociales, por muy extravagantes que fueran algunas de estas imágenes. De forma que la humana-topo fue rebautizada como «el monstruo». Como contrapartida, al haberse convertido en monstruo, ya nadie la molestaba. Ni siquiera se atrevían a llamar a su puerta en casos de urgencia. Por eso, la que en otro tiempo fue Sibila la entusiasta y la fracasada pusilánime pensó que era el momento idóneo para dedicarse a la creación sin interrupciones y por fin profundizar, profundizar.

Sin embargo, todo devenir tiene consecuencias, y lo que Sibila como humana fue en el pasado era irreversible. Esa imposibilidad, ese sentir haber llegado a un punto sin retroceso posible, era lo que la convertía en alguien distinto. Por eso, Sibila lee y roe. Comienza con un Woolf, un Benjamin, roe un Walser, olisquea un Yourcenar, asusta a sus vecinos, y lee y roe, y profundiza, y profundiza. A pesar de su vida de roedor, envidio que alguien que ha pasado por ser la más entusiasta de su tiempo y las más apocada del lugar haya sido capaz de un gesto tan radical y valiente.

La alianza

Sibila puso demasiado rojo en sus labios, demasiado perfume en su ropa, demasiada cafeína en su bebida, demasiadas palabras de frustración acumulada dirigidas a sus jefes y estalló públicamente. Creyó que esta vuelta de tuerca la ayudaría a agotar su entusiasmo por puro exceso, produciendo un cortocircuito que la hiciera parar e interrumpir el sistema. Pero el cambio fue solo interno y nada relevante ocurrió afuera.

Con ese vértigo abismal que da la incertidumbre y la libertad de haber fracasado y de poder actuar sin temor a caer más, Sibila subió al metro sin destino claro. Como siempre, en el vagón se apretaba la gente junta pero sola, cada cual fijo en su pantalla, en sus redes de búsqueda de trabajo temporal o en las de afectos y fotografías. Como siempre en los últimos tiempos el vagón estaba sucio, el aire acondicionado no funcionaba y los frenazos eran frecuentes. Aquel día el tren se paró por tercera vez avisando de una nueva avería. La presión de los cuerpos calientes y sudorosos hacía oscilar a los viajeros entre desmayarse o llorar. Pero ya nadie se quejaba porque lo anómalo se había hecho habitual.

Sin embargo, junto a Sibila una mujer con aspecto de luciérnaga que intentaba leer se levantó de su asiento y se encendió como ella se había encendido por la mañana frente a sus jefes y, enrojeciendo mientras subía su tono de voz, interpelaba a la gente a escuchar y a rebelarse. Decía la mujer luciérnaga que ya estaba bien de aguantar, que no podía ser, que algo teníamos que hacer. Algunos entendieron que se refería a la privatización del metro como a la de tantas cosas públicas que debían facilitarles la vida, otros amoldaron sus palabras a la opresión que en sus trabajos y aspiraciones sentían.

Sibila sintió que había un hilo de esperanza si alguien como la mujer luciérnaga había tenido la valentía de quejarse y hablar en plural, y quiso acercarse a ella para gritar juntas. Pensó que otros muchos lo harían. Pero la gente no quería problemas y le daban la espalda. La mayoría miraba las pantallas de sus teléfonos y no se daban por aludidos. Hacía tanto tiempo que la colectividad se movía a golpe de ratón por cada nueva causa movilizada, hacía tanto que todos habían subido en la máquina de los trabajos temporales que prometen y neutralizan, hacía tanto que los que iban en el tren habían dejado de hablarse entre ellos que, sin cruzarse palabra y como domesticados por la voz que salía de sus auriculares, cambiaron de vagón.

La mujer luciérnaga fue calmada por dos agentes de seguridad, no por su persuasión sino por su indumentaria. Ataviados con todo tipo de instrumentos disuasorios solo les bastó ponerse al lado para que la mujer saliera y optara por ir caminando sin bajar ni un tono el encendido de su indignación. Sibila bajó con ella y otras personas luciérnaga aparecieron también en los andenes. De manera extraña, individual pero solidaria, aislada al principio pero entrelazada por los hilos del reconocerse como iguales, conforme caminaban, sintieron su desubicación como excitante fuerza atractora de ese naufragio de realidad al que llamamos «ser».

La luz de sus cabezas seguía brillando como si les proporcionara energía haber descubierto que cuando todo está perdido no es solo cuando se sucumbe, sino cuando puede radicalizarse la vida. Y es probable que en algún momento esas personas luciérnaga se parecieran al activista antes de serlo, al que se imagina en la ventana del último piso, al estudiante desempleado, al queer, al inmigrante y a los pobres que estudiaron, y que siendo gente hecha de carne y píxeles, de sueños siempre en redefinición, se igualaran en un pasado de frustración y expectativa.

Quizá entonces la razón que comienza como un espejismo se vuelve convincente y motiva hacia la solidaridad con la que comienzan las mejores alianzas. Algo parecido a una *responsabilidad social,* capaz de alimentar el vínculo ético entre quienes no necesariamente piensan lo mismo, pero en algún momento creyeron (y aún les punza) que la sensibilidad y el conocimiento liberan, que pueden hacerlo, que pueden ayudarles a imaginar otros futuros donde el suelo esté hecho de justicia social.

Sería bellamente valioso –porque fuera posible– ser capaces de movilizar entre los *intersticios blancos* del pensamiento una sinceridad solidaria, semejante a la del más puro entusiasmo escondido. Allí donde las reflexiones sobre la vida y el trabajo no deriven hacia la brutal miseria de un destino que se nos escapa al intentar reducir la vida al trabajo, en el cruce de fuerzas de un sistema productivo competitivo y excedentario y una aspiración liberadora y creativa neutralizada.

Puede que el «sujeto que crea» ejerza una cierta resistencia a borrarse como una mancha de polvo ante el viento, pero esa resistencia es mayor si el sujeto no está solo y se hace «plural y político», especialmente si lográramos una versión mejorada de los viejos plurales, un plural capaz de cohesionar frente a la injusticia, sin aniquilar la libertad y la pulsión creadora. Sé que es algo todavía difícil de verbalizar aquí, pero no cabe olvidar, como sugería Barthes, que lo que no puedo nombrar es lo que puede «punzarme», que «la incapacidad de nombrar es un buen síntoma del trastorno», capaz de movilizarnos, en la creación y en las alianzas colectivas que vienen.

IMÁGENES

I. «*Verificar que no eres un robot*» (captura de pantalla).
II. *Sin título*. Fuente: Museum of Internet. https://www.facebook.com/MuseumOfInternet/?ref=br_rs
III. Captura de pantalla de Google Scholar para Michel Foucault (2017) (fragmento).
IV. Engraving of the «De Narrendoktor» from Theodor de Bry's Emblemata Secularia (Frankfurt, 1596). https://www.rijksmuseum.nl/nl/collectie/RP-P-BI-5230CAP
V. *Distance* (fragmento). Tina LaPorta. http://turbulence.org/Works/Distance/
VI. Ilustración de Charles Eisen para «The Devil of Pope. Fig. Island», de Jean de la Fontaine: *Tales and Novels in Verse,* vol. 2, 1896. http://www.archive.org/details/talesnovelsinver02lafoiala
VII. *Distance* (fragmento). Tina LaPorta. http://turbulence.org/Works/Distance/
VIII. Google Variations, The Google Pond. Leonardo Solaas, 2010. http://turbulence.org/Works/google/pond/

OBRAS REFERENCIADAS O CUYA LECTURA HA INSPIRADO ESTE LIBRO

Cabe señalar que, tanto como de lecturas y reflexiones sobre el pensamiento de otros que merecieron papel y letras, este ensayo es deudor de la caducidad (no registrada) de lo pequeño, de las heridas del entusiasmo –cuando es íntimo y cuando es fingido–, de la observación silenciosa de lo cotidiano, de la fantasía ilustrada de los paseos con Juan, de las salas de espera y las conversaciones de pasillo, de los pasos memorizados entre el lugar donde vivimos y aquel del que deseamos salir –o al que deseamos llegar–, de las horas de tutoría y los lazos con estudiantes y amigos, de la celeridad con que envejecen y enferman los cuerpos aplazando, o a veces alentando, la rebelión de los sueños.

ADORNO, T. W., *Minima Moralia: Reflections from Damaged Life*, Verso, Londres, 1974 [trad. esp.: *Minima moralia: reflexiones desde la vida dañada*, en *Obra completa*, vol. 4, Akal, Madrid, 2004].
AMORÓS, C., *Mujeres e imaginarios de la globalización*, Homo Sapiens, Buenos Aires, 2008.
APPADURAI, A. (ed.), *The Social Life of Things*, Cambridge University Press, 1988 [trad. esp.: *La vida social de las cosas*, Grijalbo, México, 1991].
ARCAND, B., *Antropología de la pornografía. El jaguar y el oso hormiguero*, Nueva Visión, Buenos Aires, 1991.
ARTAUD, A., *El teatro y su doble*, Edhasa, Barcelona, 1978.

BARTHES, R., *La cámara lúcida. Nota sobre la fotografía*, Paidós, Barcelona, 2010.
BATAILLE, G., «La noción de gasto», *La Critique Sociale*, n.º 7, enero de 1933.
BAUMAN, Z., *Miedo líquido. La sociedad contemporánea y sus temores*, Paidós, Barcelona, 2007.
—, *La vida líquida*, Paidós, Barcelona, 2004.
BERLANT, L., *Cruel Optimism*, Duke University Press, Durham, 2011.
—, *Compassion: The Culture and Politics of an Emotion*, Routledge, Londres, 2004.
BEY, L., *Mi vida en la primera IP*, obra artística, 2010: http://www.2-red.net/mividaenlaprimeraip
BLONDEAU, O., N. DYER, C. VERCELLONE, A. KYROU, A. CORSANI, E. RULLANI y otros, *Capitalismo cognitivo, propiedad intelectual y creación colectiva*, Traficantes de Sueños, Madrid, 2004.
BOLAÑO, R., *Entre paréntesis*, Anagrama, Barcelona, 2004.
BORGES, J. L., *Arte poética*, Crítica, 2001.
—, *Otras inquisiciones*, Alianza, Madrid, 1997.
—, *Los conjurados*, Alianza, Madrid, 1990.
—, *Obras completas,* Emecé, Buenos Aires, 1989.
—, *Obra poética*, 1923-1977, Emencé, Buenos Aires, 1977.
—, *Ficciones*, Alianza, Madrid, 1971.
BOURRIAUD, N., *Radicante*, Adriana Hidalgo, Buenos Aires, 2009.
—, *Estética relacional*, Adriana Hidalgo, Buenos Aires, 2008.
BRAIDOTTI, R., *Sujetos nómades*, Paidós, Barcelona, 2000.
BREA, J. L., *Cultura Ram: Mutaciones de la cultura en la era de la distribución electrónica*, Gedisa, Barcelona, 2007.
BRONCANO, F., *Sujetos en la niebla: Narrativas sobre la identidad*, Herder, Barcelona, 2013.
BUTLER, J., *Cuerpos aliados y lucha política*, Paidós, Barcelona, 2017.
—, *Deshacer el género*, Paidós, Barcelona, 2006.
—, *Cuerpos que importan. Sobre los límites materiales y discursivos del «sexo»*, Paidós, Barcelona, 2002.
BUTLER, J., y J. SCOTT (eds.), *Feminists Theorize the Political*, Routledge, Londres, 1992.

CASADO, M., *La democratización de la fama entre adolescentes*, trabajo final de máster de la Universidad de Sevilla, 2017 (inédito).
CORDERO, K., e I. SÁENZ (eds.), *Crítica feminista en la teoría e historia del arte*, Universidad Iberoamericana/PUEG, UNAM, México, 2007.
CSORDAS, T., «Introduction: The body as representation and being in the world», en *Embodiment and Experience. The Existential Ground of Culture and Self*, Cambridge University Press, Cambridge, 1994.
DEBRAY, R., *Vida y muerte de la imagen. Historia de la mirada en Occidente*, Paidós, Barcelona, 1995.
DELEUZE, G., «Postcriptum sobre las sociedades de control», en *Conversaciones 1972-1994*, Pre-Textos, Valencia, 1999.
DELEUZE, G., y F. GUATTARI, *Mil mesetas. Capitalismo y esquizofrenia*, Pre-Textos, Valencia, 2004.
DÍEZ, F., *Utilidad, deseo y virtud. La formación de la idea moderna del trabajo*, Península, Barcelona, 2001.
ECO, U., «Dando a cambio nuestra privacidad», en sociólogos. com: http://ssociologos.com/2014/08/04/umberto-eco-dando-cambio-nuestra-privacidad
FONTCUBERTA, J., *La furia de las imágenes. Notas sobre la postfotografía*, Galaxia Gutenberg, Barcelona, 2016.
FOUCAULT, M., *Nacimiento de la biopolítica. Curso del Collège de France (1978-1979)*, Akal, Madrid, 2012.
—, «Prefacio a la transgresión», *De lenguaje y literatura*, Paidós, Barcelona, 1996.
—, «Por qué hay que estudiar el poder. La cuestión del sujeto», en VV. AA., *Materiales de sociología crítica*, La Piqueta, Madrid, 1986.
—, *Las palabras y las cosas. Una arqueología de las ciencias humanas*, Siglo XXI, Buenos Aires, 1968.
FUERTES, G., *Poemas del suburbio. Todo asusta*, Torremozas, Madrid, 2004.
FUSS, D., «Reading like a feminist», en *Essentially Speaking*, Routledge, Londres, 1989, pp. 23-37.
GARCÍA CANCLINI, N., *La sociedad sin relato: antropología y estética de la inminencia*, Katz, Madrid, 2011.

—, «Google es más poderoso que las cadenas de tv o las discográficas», *Revista de Cultura Ñ. Tecnología y Comunicación*, 2011: http://www.revistaenie.clarin.com

GEERTZ, C., *La interpretación de las culturas*, Gedisa, Barcelona, 1996.

GIDDENS, A., *Modernidad e identidad del yo: el yo y la sociedad en la época contemporánea*, Península, Madrid, 2000.

GOFFMAN, E., *La presentación de la persona en la vida cotidiana*, Amorrortu, Buenos Aires, 1993.

GOMBROWICZ, W., *Ferdydurke*, Seix Barral, Barcelona, 2001.

GOPEGUI, B., *Lo real*, Anagrama, Barcelona, 2001.

HAKIM, C., *Capital erótico, el poder de fascinar a los demás*, Debate, Madrid, 2012.

HARAWAY, D., *Ciencia, «cyborgs» y mujeres. La reinvención de la naturaleza*, Cátedra, Madrid, 1995.

—, «Ecce homo, Ain't (Ar'n't) I a Woman, and Inappropriate/d Others: The Human in a Post-Humanist Landscape», en J. Butler y J. Scott (eds.), *Feminists Theorize the Political*, Routledge, Londres, 1992.

HARDT, M., «Trabajo afectivo»: http://www.ddooss.org/articulos/otros/M_Hardt.htm

IRIGARAY, L., *Espéculo de la otra mujer*, Akal, Madrid, 2007.

JAY, M., «Devolver la mirada. La respuesta americana a la crítica francesa al ocularcentrismo», *Estudios Visuales*, n.º 1, 2003.

—, *Downcast Eyes: The Denigration of Vision in Twentieth-Century French Thought*, University of California Press, Berkeley, 1994.

JONES, A. (ed.), *The Feminism and Visual Culture Reader*, Routledge, Londres, 2003.

KLEIN, M., «A Rich Life: Adrienne Rich on Poetry, Politics, and Personal Revelation», *Boston Phoenix*, junio de 1999: www.bostonphoenix.com/archive/1in10/99/06/RICH.html

KRISTEVA, J., *Historias de amor*, Siglo XXI, Buenos Aires, 2004.

LANGTON, R. H., *Sexual Solipsism: Philosophical Essays on Pornography and Objectification*, Oxford University Press, Oxford, 2009.

LÉVINAS, E., *Totalidad e infinito. Ensayo sobre la exterioridad*, Sígueme, Salamanca, 1977.

LOVINK, G., *Fibra oscura. Rastreando la cultura crítica de Internet*, Tecnos, Madrid, 2004.
MARTÍN PRADA, J., «¿Capitalismo afectivo?», *EXIT Book*, n.º 15, verano de 2011.
MEADOWS, M., *I, Avatar: The Culture and Consequences of Having a Second Life*, New Riders, Berkeley, 2007.
MORINI, C., *Por amor o a la fuerza. Feminización del trabajo y biopolítica del cuerpo*, Traficantes de Sueños, Madrid, 2014.
MULVEY, L., *Placer visual y cine narrativo*, Episteme, Valencia, 2002.
NEGRI, T., y M. HARDT, *Multitud*, Debate, Barcelona, 2004.
PENNY, L., *De esto no se habla*, Continta me tienes, Madrid, 2017 (Unspeakable Things. Bloomsbury, Londres, 2014).
PESSOA, F., *Erostratus*, Pre-Textos, Valencia, 1988.
PIZARNIK, A., *Poesía completa*, Lumen, Barcelona, 2001.
POEWE, K., *Reflections of a Woman Anthropologist: No Hiding Place*, Academic Press, Londres, 1982.
RICH, A., *What Is Found There: Notebooks on Poetry and Politics*, Norton, Nueva York, 1993.
RIVAL, L., D. SLATER y D. MILLAR, «Sexo y socialidad. Etnografías comparativas de objetivación sexual» (27-54), en J. A. Nieto, *Antropología de la sexualidad y diversidad cultural*, Talasa, Madrid, 2003.
SASSEN, S., *Contrageografías de la globalización. Género, ciudadanía y circuitos transfronterizos*, Traficantes de Sueños, Madrid, 2003.
SHAFSTESBURY, *Carta sobre el entusiasmo*, Grijalbo, Barcelona, 1997.
SMITH, A. (1776), *La riqueza de las naciones*, Alianza, Madrid, 2011.
SPIVAK, G., «Subaltern Studies: Deconstructing Historiography», en *Other worlds. Essays in Cultural Politics*, Routledge, Londres, 1987, pp. 197-221 [trad. esp.: *En otras palabras, en otros mundos*, Paidós, Barcelona, 2013].
STEINER, S., *Lenguaje y silencio. Ensayos sobre la literatura, el lenguaje y lo inhumano*, Gedisa, Barcelona, 2003.
STEYERL, H., *Los condenados de la pantalla*, Caja Negra, Buenos Aires, 2014.

SZYMBORSKA, W., *Paisaje con grano de arena*, Lumen, Barcelona, 2005.
TAUSSIG, M., *Un gigante en convulsiones. El mundo humano como sistema nervioso en emergencia permanente*, Gedisa, Barcelona, 1995.
VALÉRY, P., *Piezas sobre arte*, La balsa de la medusa, Madrid, 1999.
VELASCO, H., *Cuerpo y espacio: símbolos y metáforas, representación y expresividad de las culturas*, Ramón Areces, Madrid, 2007.
VIRNO, P., *Gramática de la multitud. Para un análisis de las formas de vida contemporáneas*, Traficantes de Sueños, Madrid, 2003.
WAJCMAN, J., *Pressed for Time. The Acceleration of Life in Digital Capitalism*, Universidad de Chicago, Chicago, 2013 [trad. esp.: *Esclavos del tiempo: vidas aceleradas en la era del capitalismo digital*, Paidós, Barcelona, 2017].
WALSER, R., *El paseo*, Siruela, Madrid, 1997.
WOOLF, V., *A Room of One's Own*, Harcourt Brace, Nueva York, 1989 [trad. esp.: *Una habitación propia*, Seix Barral, Barcelona, 2001].
YOURCENAR, M., *Memorias de Adriano*, Edhasa, Barcelona, 2003.
ZAFRA, R., *Ojos y Capital*, Consonni, Bilbao, 2015.
—, *(h)adas. Mujeres que crean, programan, prosumen, teclean*, Páginas de Espuma, Madrid, 2013.
—, *Despacio*, Caballo de Troya, Barcelona, 2012.
—, *Un cuarto propio conectado*, Fórcola, Madrid, 2010.

ÍNDICE

I. POBREZA Y ENTUSIASMO. CUANDO EL TRABAJO NO VALE DINERO 11
1. Los pobres crean 13
2. Trabajos creativos y formas de valor 23
3. El entusiasmo íntimo y el entusiasmo inducido 28
   La apropiación de la maquinaria entusiasta ... 31
4. Precariedad y movilización de la pasión creadora 37
5. Érase una vez... (Sibila y el futuro) 41

II. SOLOS Y CONECTADOS. LOS VÍNCULOS CON LOS OTROS 47
1. Obligados a competir 49
2. Elogio del fracaso 53
3. Definirse por el trabajo 61
   Pagar por trabajar 64
   Trabajadores con cuerpo 65
   El trabajo público 68

III. OBJETIVAR COMO ÚNICA FORMA «ACEPTABLE»
DE VALORAR........................... 73
   1. La cultura indexada y el declive
de la academia 75
   2. Un hombre fotocopiado................ 83
   3. Los datos y la *posverdad* en huida hacia
delante............................ 86
     *Cuando la velocidad y el exceso repiten
mundo* 89
   4. El Scopus de la señora Spring............ 95

IV. SOLAPAR LA VIRTUALIDAD. LA PANTALLA
COMO REALIDAD SUFICIENTE 101
   1. Sueños y ficciones 103
   2. La imaginación como parte de la subjetividad
política............................ 108
   3. La vida entusiasta y el marco de fantasía..... 114
   4. Sobre clasificaciones, imágenes y museos 117
   5. El privilegio de un retrato
y las imágenes precarias 123

V. ESPACIOS Y CUERPOS, ESO ADJUNTO 131
   1. La vida material del entusiasta 133
   2. Las habitaciones de Sibila................ 140
     Una mujer sentada 142
     La casa que fue de un rico 144
     (No) Ser de un lugar 146
   3. Frágiles psicoesferas o el señor Spingel trabaja
en casa............................ 149
   4. Sujetos encarnados. ¿Tiene cuerpo un
científico?.......................... 154

VI. PRECARIEDAD Y DESEO. LA SENSIBILIDAD
DIGITALIZADA 161
   1. Frente a las imágenes, oler los cuerpos, tocar
los cuerpos.......................... 163

2. La lógica exponencial del deseo   168
   3. El entusiasmo y la intimidad de lejos   173
      El sonido de los cuerpos de al lado.   176
      Los cuerpos que van escritos   178
   4. Creer al otro (fantasear con el cuerpo
      inventado)   180

VII. LA CULTURA FEMINIZADA Y EL VALOR
   DEL EMPLEO.   185
   1. La profesión y la afición transgredida
      en las redes.   187
   2. La vocación que *punza* y *arrastra*   193
   3. Formación, trabajo y empleo feminizados . . .   197
   4. Nunca el poder comienza en la guerra   201
   5. Sibila cuida   205
   6. La adicción y el entusiasmo artificial   210

VIII. CULTURA Y PRECARIEDAD   215
   1. Sujetos desechables, futuros aplazados   217
   2. Creaciones que incomodan   221
   3. Cuando el entusiasmo no es fingido.   225
   4. Vínculos (im)prescindibles y disentimiento . .   229
   5. Visión y ceguera creativas.   233
      El ser y la visibilidad   235
      *La educación, el arte y el mejorable valor
      cuantificado*   236
      La luz cegadora y la creatividad   238

FUERA DE OBRA (DESPUÉS DEL ENTUSIASMO)   241

Imágenes   253
*Obras referenciadas o cuya lectura
   ha inspirado este libro*   255